EXAMEN CRITIQUE

DU

COURS DE DROIT

FRANÇAIS

DE M. DURANTON.

LYON. IMPRIMERIE DE CHARVIN.

EXAMEN CRITIQUE

DU

COURS DE DROIT

FRANÇAIS

DE M. DURANTON,

Par J. J. Eug. LAGRANGE,

DOCTEUR EN DROIT,
AVOCAT A LA COUR ROYALE DE LYON.

TOME PREMIER,

CONTENANT L'EXAMEN CRITIQUE DU PREMIER VOLUME
DE M. DURANTON.

LYON,

Mme S. DURVAL, LIBRAIRE, RUE DES CÉLESTINS, No 5.

PARIS,

MANSUT FILS, LIBRAIRE,
Rue de l'École de Médecine, n. 4.

1832.

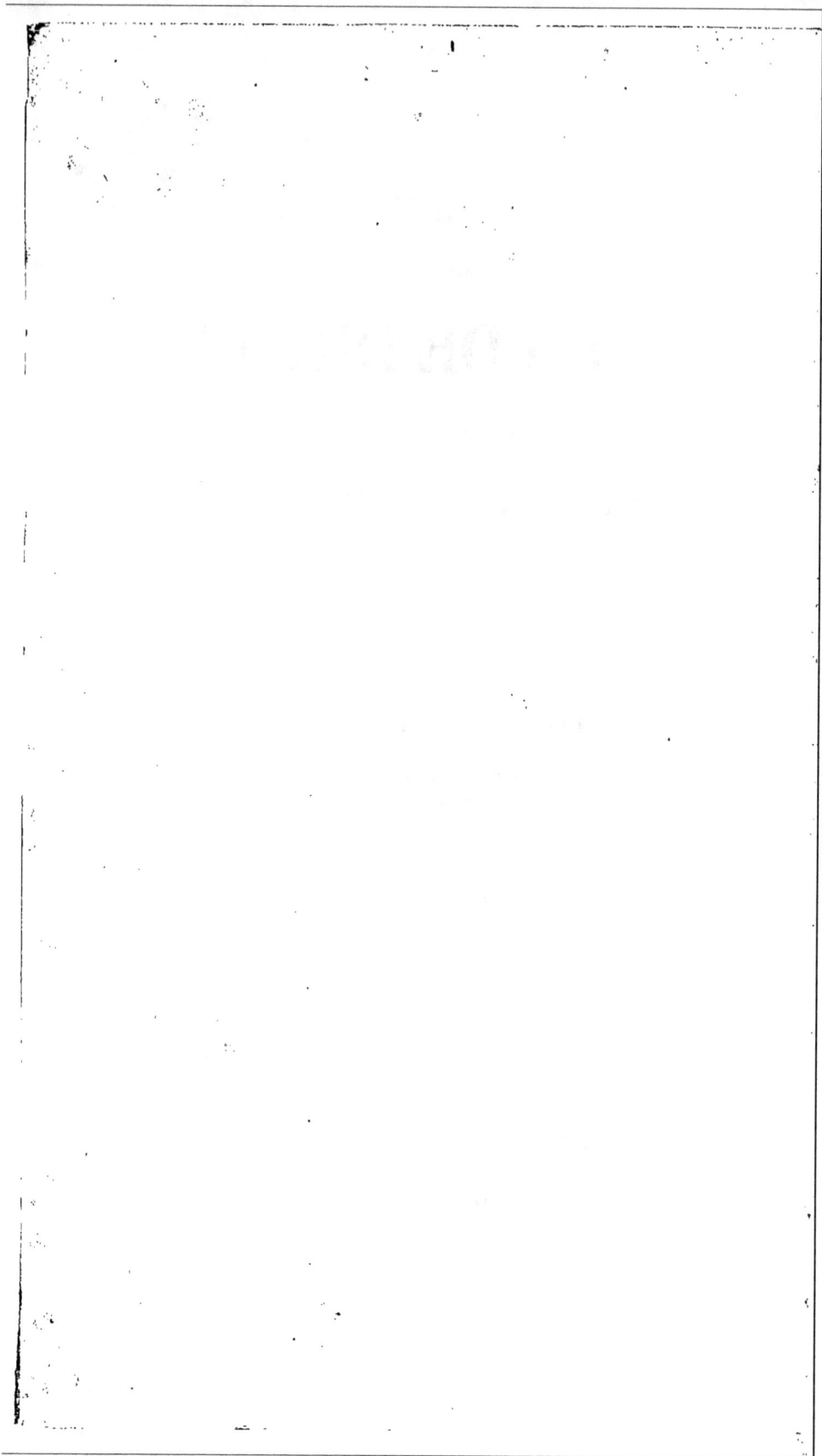

PRÉFACE.

La réputation honorable que l'auteur du *Traité des Contrats* s'était acquise auprès des hommes voués à l'étude du Droit, vient de grandir, de se populariser en quelque sorte, par la publication de son *Cours de Droit français*. Franchissant l'enceinte de l'école, le nom de M. Duranton s'est répandu au palais, et son autorité est aujourd'hui invoquée devant les tribunaux comme celle de l'un des maîtres de la science.

Sans avoir ni la profondeur de M. Blondeau, ni la puissante logique de M. Proudhon, ni la vaste érudition et l'expérience pratique de M. Merlin, ni la sagacité et le style, quelquefois trop abondant peut-être, du vénérable M. Toullier, M. Duranton a mérité la place qu'il occupe désormais parmi nos auteurs classiques, par un esprit d'investigation studieuse, par une certaine indépen-

dance d'opinion, et, pourquoi ne le dirions-nous
pas, par l'avantage de sa position.

Dans les sciences en général, particulièrement
dans la jurisprudence, c'est un grand avantage,
en effet, de venir le dernier. Celui qui prend
possession d'un champ déjà exploité par des
mains habiles, doit recueillir de riches récoltes,
quand il achève par un travail intelligent ce que
les labeurs de ses devanciers ont commencé. Une
réflexion en suggère une autre ; une objection
appelle une réplique ; un principe se développe
en de nouvelles conséquences, et celles-ci, à leur
tour, peuvent se résumer en un nouveau principe. De cette manière, et comme par alluvion,
la science se forme et s'étend progressivement.

Le succès du nouveau livre de M. Duranton
s'expliquerait donc par sa date, lors même que
le talent personnel de l'auteur n'en serait pas
une justification plus flatteuse.

Toutefois, plus ce succès a été remarquable,
plus même il est mérité, plus il nous a semblé
utile de signaler et de combattre les erreurs qu'il
pourrait accréditer. Les doctrines de M. Duranton
ont d'autant plus d'importance qu'elles s'adres-
sent, non-seulement aux hommes instruits, mais
aussi à des élèves qui ont besoin d'être mis en garde

contre le danger de jurer sur la parole du maître.
Et quand la critique à laquelle nous nous sommes
livré n'aurait d'autre résultat que d'éveiller le
doute et d'appeler les méditations d'une jeunesse
studieuse sur les points controversés , nous nous
féliciterions de l'avoir entreprise. Puissent, d'ailleurs, quelques-unes de nos observations être la
preuve que dans le vaste champ du *Droit civil*,
même après les riches récoltes dont nous avons
parlé , on peut encore trouver une glane assez
abondante.

N'ayant point la prétention d'être écrivain, nous
désirons seulement avoir été simple, court et
substantiel : la prolixité est, à notre avis, le pire
défaut d'un ouvrage de Droit : rien n'est fatigant
comme de chercher au milieu d'un déluge de
mots, quelques idées qu'on peut comparer aux
naufragés de la flotte d'Enée :

Apparent rari nantes in gurgite vasto.

Mais notre travail portera du moins le cachet
de la franchise ; car, c'est avec indépendance,
nous l'avouerons, que nous avons usé du droit
d'examen. Habitué à mettre le texte au-dessus
du commentaire et à préférer un bon raison-

nement à vingt autorités, nous n'avons point hésité à nous mettre en contradiction, soit avec la doctrine des auteurs, soit avec la jurisprudence des tribunaux, toutes les fois qu'elles nous ont paru ne s'appuyer sur aucune base légitime et rationnelle. Elevé à l'école de MM. Ducaurroy et Demante, nous avons pris pour devise le premier précepte de ces dignes professeurs : *Examinez avec conscience, et jugez avec liberté.*

Quelle que soit, au reste, la franchise de notre critique, nous espérons qu'on n'y verra ni une dédaigneuse présomption, qui est bien loin, nous pouvons le dire, du caractère et de la pensée de l'auteur, ni rien d'offensant pour l'honorable professeur dont nous avons cru devoir réfuter quelques opinions. Comme M. Duranton le dit lui-même dans sa préface, une controverse, toute dans l'intérêt de la science, ne saurait blesser les auteurs dont on combat le sentiment. En pareil cas, signaler quelques erreurs dans les détails, c'est manifester son estime pour l'ensemble.

EXAMEN CRITIQUE

DU COURS

DE DROIT FRANÇAIS

DE M. DURANTÔN.

TITRE PRÉLIMINAIRE.

DU DROIT ET DES LOIS EN GÉNÉRAL.

SOMMAIRE.

Nᵒˢ 1 et 2. *Transition à la sect.* III *du chap.* 2.

1. Notre dessein étant uniquement de discuter des questions de droit positif, d'écrire pour les jurisconsultes-praticiens, nous ne nous arrêterons pas à examiner les notions préliminaires, et les définitions scolastiques *du droit* et *des lois en général*, qui servent d'introduction à l'ouvrage que nous osons soumettre à notre critique. Aussi bien, M. Duranton ne paraît pas y attacher une grande importance; il semble les avoir écrites, plutôt pour fournir à ses élèves des réponses à quelques questions banales que certains professeurs ont l'habitude de faire dans les examens, que dans l'intention de poser, d'une main sûre et ferme, les fondemens de la science du droit.

1

Qu'il me soit même permis de lui en faire le reproche : ces notions superficielles, ces sèches définitions sont un frontispice un peu mesquin pour le grand monument qu'il a entrepris d'élever à notre droit civil. Après les vastes travaux de l'Allemagne sur cette matière, en présence, tout-à-la-fois, des doctrines de Bentham, et de cette école de la *morale* ou du *sens humain*, pour laquelle nous avouons notre sympathie, et qui a trouvé en France et à Genève de si ingénieux interprètes, comment se contenter de quelques phrases communes sur le droit naturel, de quelques observations méticuleuses sur une définition des lois ou sur une division de la justice? Ne serait-il pas temps que nos facultés sortissent entièrement de l'ornière scolastique, et se missent à la hauteur de ces grandes et fondamentales questions (1)?

Du reste, le genre de talent de M. Duranton, la direction de ses études ne l'appelaient peut-être pas à entrer dans ces hautes discussions. Très-versé dans l'exégèse, scrutateur attentif des textes, l'auteur du *Cours de Droit français* ne nous paraît pas exempt du reproche qu'on a fait à la plupart de nos légistes, de manquer de philosophie.

2. Nous laisserons donc *le premier chapitre* de ce titre et le commencement du second; nous ne ferons que

---

(1) Le mouvement vers ces hautes études est déjà donné en dehors de la faculté de droit de Paris, par un jeune professeur du *Collége de France*, qui unit l'ardeur du travail et une rare intelligence au plus beau talent d'improvisation. M. Lerminier est appelé à l'honneur d'entraîner, à sa suite, la jeunesse de nos écoles, dans les voies d'une science nouvelle, en France.

quelques courtes observations sur la section III du chapitre 2, intitulée :

De la sanction, de la promulgation et de l'exécution de la loi.

SOMMAIRE.

1 et 2. *Différence entre la sanction et la promulgation point assez marquée ; définitions peu exactes.*
3. *Il ne faut pas confondre la promulgation avec la publication.*
4. *Rédaction peu exacte de l'ordonnance du 27 novembre 1816.*
5. *Inefficacité de cette ordonnance.*
6. *Moyens de rémédier aux graves inconvéniens qui en résultent.*
7. *Les particuliers qui connaissent de fait la loi, peuvent-ils profiter de ses dispositions, avant qu'elle ait acquis la présomption légale de notoriété, par le laps du délai fixé par l'art. 1 du Code ? Non ; nulle différence à faire à cet égard entre les lois impératives, prohibitives ou facultatives.*
8. *La présomption légale de l'art. 1 du Code est-elle une des présomptions dites* JURIS ET DE JURE ?

1. M. Duranton dit fort bien, n° 44, que la *sanction* de la loi n'en est pas la *promulgation ;* mais il ne nous semble pas qu'il ait fait parfaitement ressortir la différence qui existe entre ces deux actes de l'autorité royale ; et les définitions qu'il en donne ne nous paraissent pas très-correctes.

L'auteur définit la sanction, l'approbation royale donnée à la loi *pour la rendre exécutoire.* Cependant, d'après l'article 1ᵉʳ du Code, les lois sont exécutoires *en vertu de la promulgation*, et non pas en vertu de la sanction.

Il n'y a pas non plus de l'exactitude à dire que la promulgation est *le mode d'après lequel la loi sera connue des citoyens* et deviendra obligatoire pour eux. C'est confondre la *promulgation* avec la *publication* des lois, choses fort différentes, comme nous le démontrerons bientôt, quoiqu'elles aient été mal à propos confondues dans la rédaction vicieuse de l'ordonnance du 27 novembre 1816.

2. Nous eussions désiré que M. Duranton nous eût montré la sanction comme un acte du pouvoir législatif, et la promulgation comme un acte du pouvoir exécutif. C'est en effet, comme membre essentiel de notre trinité législative, que le Roi sanctionne les dispositions votées par les deux chambres : la sanction parfait la loi ; elle en est le complément nécessaire. Mais, c'est dans l'exercice de la puissance exécutive dont il est le chef suprême, qu'il promulgue la loi une fois parfaite par la sanction. La promulgation est donc le commandement d'exécuter la loi et de la faire exécuter. La formule adoptée par le gouvernement le prouve assez : « La présente loi » discutée, délibérée et adoptée par la chambre des » pairs et par celle des députés, et *sanctionnée par nous* » *aujourd'hui*, sera exécutée comme loi du royaume. » Si donnons en mandement à nos cours et tribunaux, » préfets, corps administratifs et tous autres, que les » présentes ils gardent et maintiennent, fassent garder,

» observer et maintenir, et, pour les rendre plus notoires
» à tous, ils les fassent publier et enregistrer partout
» où besoin sera, etc. »

3. Cette formule nous offre aussi la preuve qu'il ne
faut pas confondre la promulgation avec la *publication*
des lois. La publication, en effet, n'est que le mode
employé pour faire parvenir à la connaissance des
citoyens l'existence de la loi et le commandement de
l'observer, c'est-à-dire la promulgation.

La promulgation revêt bien la loi de la forme exécutoire ; mais, de même qu'un jugement revêtu de cette
forme ne peut pas être mis à exécution avant d'être
notifié à celui qui doit s'y conformer, pareillement
la loi ne peut être *exécutée* (expression de l'art. 1 du
Code), dans chaque partie du royaume, que du moment
où elle est devenue notoire par la publication.

4. D'après cela, il est certain que l'ordonnance du
27 novembre 1816 s'exprime d'une manière peu exacte
en disant : « A l'avenir, la promulgation des lois et
» de nos ordonnances résultera de leur insertion au
» Bulletin officiel. » Le sens de cette disposition est sans
doute que la promulgation des lois, quelle qu'en soit
la date, ne sera censée avoir eu lieu que du jour où elle
aura été rendue publique par leur insertion au Bulletin
officiel. Car il est clair, comme l'observe M. Merlin (1),
que l'insertion des lois au Bulletin est bien la preuve de la
promulgation que le Roi en a faite, en ordonnant, à la suite

(1) *Répertoire*, au mot *loi*, §. vi, 2.

de la sanction dont il les a revêtues, qu'elles seront
exécutées dans tout le royaume, mais qu'elle ne constitue pas la promulgation elle-même. S'il en était autrement, ce ne serait pas le Roi qui promulguerait les
lois, ce serait le ministre ou plutôt le commis qui en
ferait l'insertion au Bulletin.

5. Cette ordonnance du 27 novembre 1816, a, du
reste, un vice bien plus grave, qui a été déjà signalé
par d'honorables jurisconsultes (1), à la voix desquels
nous regrettons que M. Duranton n'ait pas uni la sienne.
Ce vice consiste dans l'inefficacité manifeste des moyens
qu'elle emploie pour parvenir au but qu'elle se propose,
d'établir davantage la publicité des lois.

L'art. 2 porte : « Elle (la promulgation) sera censée
» connue, conformément à l'art. 1 du Code civil, un
» jour après que le Bulletin des lois aura été reçu de
» l'imprimerie royale par notre chancelier ministre de
» la justice, lequel constatera sur un registre l'époque
» de la réception. »

Or, personne ne connaît le jour où le ministre de la
justice reçoit de l'imprimerie royale le Bulletin officiel,
si ce n'est le commis qui tient le registre où ce jour
est annoté. Les rares abonnés du *Bulletin des Lois* n'en
sont instruits que tardivement ; et le *Moniteur*, qui est
plus en rapport avec le public, ne l'indique jamais.
En sorte qu'il est vrai de dire que les citoyens se trouvent obligés avant de le savoir.

---

(1) Voy. M. Toullier, *Droit civil français*, t. 1, nos 76 et suivans ;
M. Merlin, à l'article précédemment cité.

6. Un tel état de choses est trop contraire à l'esprit de justice qui anime le gouvernement actuel, pour qu'il puisse subsister long-temps. Nous sommes donc en droit d'espérer la prompte réforme de l'art. 2 de l'ordonnance précitée. Pour rémédier aux graves inconvéniens qu'elle entraîne, M. Toullier voudrait que le Roi s'astreignît à ne donner la promulgation que le dixième jour après la sanction, et que l'administration fît connaître la sanction, par la voie de la presse, aussitôt qu'elle serait intervenue. On rétablirait ainsi la disposition de l'art. 37 de la constitution de l'an VIII, qui voulait que tout décret du corps législatif fût promulgué par le pouvoir exécutif, précisément le dixième jour après son émission ; disposition qui donnait aux citoyens la facilité de connaître l'existence de la loi avant même la promulgation, et de savoir le moment précis où elle deviendrait exécutoire ; disposition qui par conséquent servait de fondement raisonnable à la présomption établie par l'art. 1 du Code. A l'appui du vœu qu'il forme, M. Toullier fait observer qu'une expérience assez longue a prouvé que ce délai de dix jours ne préjudicie point à la célérité nécessaire pour l'exécution de la loi ; et que d'ailleurs, il ne nuit en rien à la prérogative royale. Ajoutons, sur le premier point, que l'art. 4 de l'ordonnance du 27 novembre 1816, justement rectifié par celle du 18 janvier 1817, donne au gouvernement le moyen de hâter l'exécution des lois dans les cas et dans les lieux où il le juge nécessaire.

Si toutefois le gouvernement répugnait à l'idée, qui n'a, selon nous, rien d'inconstitutionnel, d'assujettir le pouvoir exécutif à ne promulguer la loi qu'après un délai.

préfix, il trouverait facilement un mode de publication plus efficace que celui qui est adopté dans l'ordonnance du 27 novembre. On pourrait, par exemple, ne rendre la loi exécutoire, à Paris, qu'un jour après celui où elle aurait été présentée publiquement à la cour de cassation, par un agent supérieur du pouvoir exécutif. La publicité de l'audience, agrandie par celle de la presse, offrirait un moyen de notoriété certainement préférable au secret des bureaux d'un ministère.

7. La loi n'étant exécutoire qu'en vertu de la promulgation, M. Duranton a raison de soutenir, n° 45, que les particuliers qui auraient connaissance de la sanction donnée à une loi, ne pourraient cependant profiter de ses dispositions *avant sa promulgation*, et que les actes faits *avant cette époque*, devraient être revêtus des formalités exigées par la loi encore en vigueur. « Ainsi, ajoute l'estimable professeur, une loi nouvelle apporte des changemens aux formes prescrites pour la validité des hypothèques conventionnelles : deux individus qui ont connaissance de la loi, dont la discussion a été rendue publique par la voie des journaux, et qui ont, de plus, par leurs relations avec les agens du gouvernement, connaissance qu'elle a reçu la sanction royale, font une convention d'hypothèque *avant la promulgation* de la loi : la nullité de cette convention pourra être demandée par les tiers intéressés. »

Nous sommes bien de cet avis, mais nous pensons qu'il faudrait le décider ainsi, quand bien même la convention aurait été faite *après la promulgation*, si le délai fixé par l'art. 1 du Code, et par les art. 2 et 3 de l'ordonnance du 27 novembre 1816, n'était pas encore expiré. En d'autres termes, et pour généraliser notre proposition, nous pensons que les particuliers qui connaissent de fait la loi, ne peuvent pas profiter de ses dispositions avant qu'elle ait acquis, par le laps du délai fixé par l'art. 1 du Code, la présomption légale de publicité qu'en fait résulter cet article. Cette opinion combattue par M. Delvincourt (tom. 1, note 2 de la pag. 9), est soutenue avec de grands développemens par M. Merlin, dans son *Répertoire*, au mot *loi*, § x, 1. Il nous semble qu'il suffira d'une seule réflexion pour la justifier. Toute loi qui accorde un avantage, une faculté, établit un droit, et par conséquent impose une obligation correspondante, car droit et obligation (1) sont corrélatifs. Or, comment celui qui veut profiter des dispositions d'une loi avant l'expiration du délai prescrit par l'art. 1 du Code, le pourrait-il, puisqu'avant cette époque, cette loi ne saurait obliger personne? Comment, pour nous servir de l'exemple de M. Duranton, comment la convention d'hypothèque faite conformément à la loi qui n'a pas encore acquis la présomption légale de notoriété, serait-elle valable, dans un temps où les tiers intéressés, les autres créanciers du constituant, ne sont pas encore soumis à cette loi?

Aucune loi donc, pas plus celle qu'on appellerait *facultative*, que celle qu'on nommerait *impérative* ou *prohibitive*, ne peut produire d'effet avant l'expiration du délai prescrit par l'art. 1 du Code. Cette distinction

---

(1) Nous prenons ici le mot *obligation*, dans le sens général que lui donnent les modernes, comme synonyme de devoir (*officium*). On sait que les jurisconsultes romains lui donnaient un sens plus restreint.

des lois, qui, entre les mains des commentateurs, a produit plus d'abus et de sophismes (1), qu'elle n'a été
utile à la science, ne doit recevoir ici aucune application. C'est ce que disait positivement le sage Tronchet,
dans la séance du conseil d'état, du 4 thermidor an 9.
En repoussant l'idée émise, lors de la discussion du
titre préliminaire du Code, de prescrire un délai particulier pour l'exécution des lois impératives ou prohibitives, ce judicieux jurisconsulte s'exprimait ainsi : « Au
» surplus, ce serait se jeter dans des débats intermi-
» nables, que de vouloir établir la distinction des lois
» qui commandent, de celles qui permettent, de celles
» qui défendent. »

8. Il est une question extrêmement grave, qui s'élève
à l'occasion de l'art. 1 du Code, et dont M. Duranton ne
parle pas : c'est celle de savoir si la présomption de publicité établie par cet article est du nombre des présomptions que les docteurs appellent *juris et de jure*,
contre lesquelles la preuve contraire n'est pas admise ;
en d'autres termes, un individu serait-il reçu à prouver que, par un événement quelconque, la loi dont on
veut se prévaloir contre lui, n'a pu être connue dans
le lieu de sa résidence à l'expiration du délai déterminé
par l'art. 1 du Code, et qu'en conséquence cette loi

____

(1) Un des plus singuliers abus qu'on ait fait de cette distinction,
est sans contredit l'opinion émise, à la tribune de la chambre des
députés, par M. Portalis, alors ministre de la justice, qu'on pouvait
distinguer dans la Charte les articles *prohibitifs* de ceux simplement
impératifs; et que les premiers seuls ne pouvaient être abrogés ni modifiés; mais que les derniers étaient susceptibles de l'être.

n'est devenue exécutoire à son égard qu'à telle autre
époque? M. Toullier qui n'avait fait qu'effleurer cette
question dans le tome 1ᵉʳ de son ouvrage, l'examine
et la résout affirmativement dans le tome 10, n° 62,
en traitant *des présomptions tirées de la loi.* Peut-être
M. Duranton attend-il également, pour la discuter, d'être
arrivé à la preuve *des obligations et des paiemens* (1), et
notamment aux conséquences de l'art. 1352 qui sert de
base à l'argumentation de M. Toullier. Au surplus, si la
difficulté avait échappé à l'attention de l'auteur, averti
de cette mission, il profiterait, nous l'espérons, de l'occasion naturelle qui se présentera alors de la répa-
rer. Voilà ce qui nous engage nous-mêmes à différer
l'examen de cette question : nous attendrons que M.
Duranton se soit expliqué.

SECTION IV.

Sur quel temps la loi exerce son empire.

SOMMAIRE.

9. *La fiction qui faisait dire que les lois interprétatives
n'ont pas d'effet rétroactif, est abrogée par la loi
du 30 juillet 1828.*
10. *Difficulté d'appliquer avec exactitude le principe de
la non-rétroactivité des lois.*
11. *En considérant ce principe avec rapidité sous dix
rapports principaux, M. Duranton n'a pas donné
des développemens satisfaisans.*

(1) Livre III, tit. III, chap. VI du Code civil.

9. Après avoir posé le principe que les lois n'ont pas d'effet rétroactif, M. Duranton ajoute, n° 48, que « les lois interprétatives ne font pas même exception à cette règle; car elles s'identifient avec la loi interprétée et sont censées avoir la même date qu'elle. » Cette fiction des jurisconsultes était en effet dans l'esprit de notre législation et elle était encore de jurisprudence au moment où M. Duranton écrivait. Mais la loi du 30 juillet 1828 a introduit sur ce point une réforme aussi juste qu'importante.

Voici le texte de cette loi :

« Art. 1er Lorsqu'après la cassation d'un premier » arrêt ou jugement en dernier ressort, le 2e arrêt ou » jugement rendu dans la même affaire entre les mêmes » parties est attaqué par les mêmes moyens que le » premier, la cour de cassation prononce, toutes cham- » bres réunies.

» Art. 2. Lorsque la cour de cassation a annullé deux
» arrêts ou jugémens dans la même affaire, entre les
» mêmes parties et attaqués par les mêmes moyens, le
» jugement de l'affaire est dans tous les cas renvoyé
» à une cour royale. La cour royale saisie par l'arrêt
» de cassation prononce, toutes chambres assemblées.

» S'il s'agit d'un arrêt rendu par la chambre d'accu-
» sation, la cour royale n'est saisie que de la question
» jugée par cet arrêt. En cas de mise en accusation
» ou de renvoi en police correctionnelle ou de simple
» police, le procès sera jugé par la cour d'assises ou
» par l'un des tribunaux du département où l'instruc-
» tion aura été commencée. Lorsque le renvoi est or-
» donné sur une question de compétence ou de procé-
» dure en matière criminelle, il ne saisit la cour royale
» que du jugement de cette question. L'arrêt qu'elle
» rend ne peut être attaqué sur le même point et par
» les mêmes moyens, par la voie du recours en cassa-
» tion : toutefois il en est référé au Roi, pour être ulté-
» rieurement procédé par ses ordres à l'interprétation
» de la loi.

» En matière criminelle, correctionnelle ou de police,
» la cour royale à laquelle l'affaire aura été renvoyée
» par le 2ᵉ arrêt de la cour de cassation, ne pourra
» appliquer une peine plus grave que celle qui résul-
» terait de l'interprétation la plus favorable à l'accusé.

» Art. 3. Dans la session législative qui suit le référé,
» une loi interprétative est proposée aux chambres.

» Art. 4. La loi du 16 septembre 1807, relative à
» l'interprétation de lois, est abrogée. »

Dans l'esprit de cette loi, mieux encore que dans ses termes, la loi interprétative est véritablement une loi nouvelle, elle ne s'incorpore pas avec la loi interprétée. Nos législateurs n'ont pas voulu s'astreindre à rechercher péniblement la pensée de l'ancien législateur, et à la sanctionner de nouveau, quelle qu'elle fût. Ils font la loi interprétative non telle qu'ils présument que l'ancien législateur a voulu la faire, mais telle que l'intérêt actuel de la société leur paraît la réclamer. La loi interprétative n'a donc aucune influence sur les intérêts nés antérieurement; elle ne fait point novation aux droits des parties, lesquels doivent toujours être réglés dans le sens que le juge attribuera à la loi sous laquelle ils se sont formés. En un mot, on a appliqué aux lois dites interprétatives le principe de la non-rétroactivité, auquel la doctrine essayait de les soustraire à l'aide d'une fiction subtile.

C'est ce qui a été clairement expliqué dans les deux chambres, lors de la discussion de la loi précitée; et voilà pourquoi, d'après l'art. 2 de cette loi, le référé qui intervient après le 2ᵉ arrêt de cassation ne suspend pas la décision de la 3ᵉ cour royale à laquelle l'affaire est renvoyée définitivement. Voilà pourquoi encore, dans l'art. 3, on a remplacé par les mots LOI *interprétative*, ceux de DÉCLARATION *interprétative* qui se trouvaient dans le projet présenté à la chambre des députés, et cela sur la proposition d'un honorable membre de cette chambre (M. Pataille), qui s'exprima ainsi (1) : « Qu'arriverait-il, si on laissait dans l'article le mot *dé-*

___
(1) Séance du 28 mai 1828.

claration ? Indépendamment du procès qui a donné lieu à l'interprétation, et que vous avez soustrait à l'influence de la loi interprétative, il y aura d'autres procès analogues. Entendez-vous que ces procès seront jugés d'après la loi interprétative ? Direz-vous oui et non sur la même question ? Si la loi ne rétroagit pas sur l'un, elle ne doit pas non plus rétroagir sur les autres. Je vous propose en conséquence de substituer le mot *loi* à celui de *déclaration*, parce qu'il faut appeler les choses par leur nom. »

10. M. Duranton observe très-bien que si le principe de la non-rétroactivité des lois est simple en apparence, il présente beaucoup de difficultés dans l'application. La génération actuelle s'en est assez aperçue aux nombreuses questions qu'a soulevées le passage de l'ancien droit à la législation intermédiaire, et de celle-ci au Code civil. Aussi ce principe a-t-il attiré les méditations des jurisconsultes les plus recommandables ; et après bien des discussions ardues et trop souvent confuses, nous avons vu quelques règles s'établir fixément, et la lumière se répandre sur un grand nombre de points principaux. La science, à cet égard, a été puissamment servie par MM. Chabot (1), Meyer (2), Blondeau (3), et surtout par M. Merlin, dont l'article *effet rétroactif* dans son *Répertoire de jurisprudence*, est, à notre avis, ce qu'on a écrit de mieux et de plus utile sur la matière.

(1) *Questions transitoires.*
(2) *Principes sur les questions transitoires.*
(3) *Dissertation* insérée dans le tome 7 de la *Thémis.*

11. M. Duranton s'est borné à considérer le principe dont nous nous occupons, sous dix rapports généraux, et nous avouons qu'encore ici les développemens nous paraissent bien insuffisans : c'est ce que les observations suivantes feront sentir.

12. 1° *Sous le rapport de la capacité des personnes*, il est de principe, dit l'auteur, n° 50, que chaque individu est saisi par la disposition de la loi, au moment où elle est promulguée : « En cela, ajoute-t-il, elle n'a aucun effet rétroactif, parce que l'état civil des personnes étant subordonné à l'intérêt général, il est au pouvoir du législateur de le changer ou de le modifier selon les besoins de la société. » Ce raisonnement peut ne pas sembler très-concluant. Les droits les mieux acquis, la propriété, par exemple, sont subordonnés à l'intérêt général. Et, sur le motif que l'état des personnes est subordonné à l'intérêt général, le législateur pourrait-il déclarer aujourd'hui étranger l'individu qui est devenu français par la naturalisation acquise suivant les lois existantes hier ? Le pourrait-il du moins sans rétroagir ? M. Duranton est sans doute loin de le penser.

Suivant nous, pour justifier d'une manière satisfaisante sa proposition, l'auteur devait nécessairement nous prouver que la capacité d'une personne n'est pas pour elle un *droit acquis;* car la condition essentielle pour qu'il n'y ait pas rétroactivité dans une loi, c'est qu'elle respecte les droits acquis. Pour arriver à cette preuve, il eût été forcément amené à faire une distinction entre les diverses qualités qui constituent l'état des personnes, et dont les unes forment des droits acquis, tandis que les autres ne peuvent être considérées comme telles. En effet, pourquoi la qualité de régnicole est-elle pour celui qui s'est fait naturaliser, une qualité que la loi ne puisse lui ravir ? c'est qu'elle est pour lui un droit acquis. Et pourquoi est-elle un droit acquis ? c'est qu'elle naît d'un contrat dans lequel le corps social a stipulé d'un côté, et celui qui s'est fait naturaliser de l'autre, et que les droits qui résultent des contrats sont à l'abri des dispositions de la loi postérieure.

Maintenant, pourquoi la capacité des régnicoles, leurs facultés civiles ne constituent-elles pas des droits acquis ? c'est qu'en les réglant, le législateur ne contracte point ; c'est qu'en accordant une faculté, il ne s'oblige pas à la laisser toujours subsister ; il ne pourrait le faire sans une sorte de suicide, sans renoncer au but même de son institution, sans refuser à la société le perfectionnement et le progrès. Il lui est donc toujours loisible de retirer sa permission ; ceux à qui il la retire avant qu'ils en aient fait usage, n'ont aucun prétexte pour se prétendre privés d'un droit acquis.

Cette distinction entre les droits que l'on tient d'un contrat, et les facultés qui résultent de la disposition directe de la loi, expliquerait aussi beaucoup mieux, ce semble, que ne le fait M. Duranton, pourquoi, ainsi que l'a jugé plusieurs fois la cour de cassation, la femme mariée sous le régime dotal, mais sous l'empire d'une coutume qui lui permettait d'hypothéquer ou d'aliéner sa dot, n'a pas perdu cette faculté par l'effet de la publication de l'art. 1554 du Code, et pourquoi, au contraire, la femme mariée avant le Code, dans un pays régi par le sénatus-consulte Velleïen, qui lui défendait de

2

cautionner son mari ou tout autre, a pu, depuis le Code
qui a abrogé ce sénatus-consulte, donner un cautionnement valable avec l'autorisation maritale. D'où vient,
en effet, que, pour la femme mariée avant le Code,
la coutume qui autorisait l'aliénation des biens dotaux a
conservé une force que n'a plus le sénatus-consulte
Velléïen ? C'est uniquement de ce que l'inaliénabilité de
la dot a été, par l'autorité de la loi sous laquelle le mariage a été contracté, une des conditions sous-entendues
du mariage, et que dès-lors, ce n'est plus comme loi,
mais comme contrat tacite, que la loi qui autorisait l'a-
liénation des biens dotaux, règle encore les droits des
époux ; tandis que l'incapacité établie par le sénatus-
consulte Velléïen, ne pouvant point être considérée
comme une clause tacite du mariage, puisqu'elle at-
teignait même les femmes non mariées, n'était qu'une
émanation immédiate de la loi, fondée sur des motifs
d'ordre public et que le législateur est toujours libre de
modifier ou d'abroger, selon les besoins nouveaux de la
société, sans qu'on puisse l'accuser de rétroactivité.

13. 2° En considérant le principe de la non-rétroactivité des lois sous le rapport de la quotité des biens
dont un individu a pu disposer, M. Duranton, n° 56,
fait une distinction fort juste entre les actes dont l'effet
est irrévocable, et ceux dont l'effet, au contraire, est
subordonné à la volonté persévérante de l'auteur de la
disposition. Ceux-ci sont soumis à la loi du jour du décès, parce que jusqu'à cette époque, ils n'établissent
aucun droit : tant que le testateur n'est pas décédé, le
testament n'est qu'une chose commencée, *pendens ne-*

gotium. Ceux-là, c'est-à-dire, les donations entre vifs
et les institutions contractuelles sont, suivant les expressions de l'auteur, régis, quant à la quotité disponible,
par la loi du jour du contrat.

Sur ce dernier point, il y a pourtant une observation importante à faire. La décision de l'auteur s'applique
sans aucune difficulté au cas où la disponibilité a été
restreinte par la loi du décès; mais s'appliquerait-elle
également au cas contraire? En d'autres termes, si la
réserve établie par la loi du jour du contrat était plus
étendue que celle fixée par la loi du décès du donateur
ou de l'instituant, est-ce la loi du jour du contrat que les
légitimaires pourraient invoquer pour réduire les effets
de la donation ou de l'institution? Cette question sur laquelle M. Duranton ne s'explique pas, est fort controversée. La cour de cassation a jugé l'affirmative, notamment par arrêt du 1er février 1820 (1). La négative
est soutenue par M. Merlin, dans son Répertoire au
mot *effet rétroactif*, sect. III, § III, art. 5. Ce savant
jurisconsulte rapporte à l'appui de son opinion, qui
nous semble préférable, un jugement très-bien motivé
du tribunal de Loudun, en date du 10 avril 1822. En
effet, le légitimaire ne peut agir, pour faire réduire les
libéralités, qu'en vertu de la loi qui régit la succession,
puisque c'est cette loi qui établit son droit; il ne peut
donc demander plus que cette loi ne lui accorde. Comment pourrait-il se plaindre de ce que la loi nouvelle a
augmenté la disponibilité, lorsque cette loi pouvait le priver de tout droit à la succession, et par conséquent de
toute action en réduction?

(1) Sirey, t. 20, p. 552.

14. Nous n'avons rien à contester dans ce que dit M. Duranton, n°s 61 et suivans, relativement à *l'effet des actes*. Seulement nous exprimerons le regret que l'auteur n'ait pas ici, à l'exemple de MM. Merlin et Blondeau, posé la distinction entre les *effets* et les *suites* d'un contrat. Car, si l'on convient unanimement que les effets proprement dits d'un contrat doivent être régis par la loi du temps où les parties se sont engagées, on est aussi généralement d'accord que les suites du contrat sont soumises à la loi du temps où elles ont lieu. La difficulté est de déterminer précisément ce qu'on doit entendre par *effet* et par *suite* d'un contrat. Nous croyons qu'on doit regarder comme effets d'un contrat toutes les obligations qui en résultent naturellement, qui sont réglées ou censées réglées par les parties, et qu'on peut considérer comme suite, ce qui arrive bien à l'occasion du contrat, mais n'a pas une cause inhérente au contrat même. Ainsi, le partage d'une société ou d'une communauté formée sous l'ancienne loi, se fait sous la loi nouvelle : nous pensons avec MM. Merlin et Blondeau, que ce sera par la loi nouvelle que les effets du partage devront se régler, que c'est la loi nouvelle qu'il faudra consulter pour savoir, par exemple, si ce partage peut être attaqué pour cause de lésion. Pourquoi cela? parce que le partage est un acte qui arrive bien à l'occasion de la société ou de la communauté, mais un acte indépendant, particulier, qui impose des obligations toutes nouvelles; c'est un nouveau contrat qui doit être régi par la loi du temps où il a lieu. Nous raisonnons dans la supposition où l'acte de société ou de communauté n'aurait pas réglé d'avance et expressément les effets et les conditions du partage : il

est clair que dans le cas contraire, les stipulations relatives au partage seraient hors des atteintes de la loi
nouvelle ; nous raisonnons précisément dans l'hypothèse
où les parties n'ayant rien dit sur le partage, sont censées
n'avoir pas voulu en déterminer d'avance les effets, et
s'être au contraire réservé le droit de faire à cet égard
un nouveau traité.

15. M. Duranton nous paraît s'être exprimé d'une
manière trop absolue sur l'application du principe de la
non-rétroactivité des lois *au mode d'exécution des contrats*.
« Le mode d'exécution d'un contrat, dit-il, n° 64,
peut, sans effet rétroactif, être régi par la loi nouvelle. » Certes, M. Duranton n'irait pas jusqu'à prétendre qu'une loi nouvelle qui assujettirait le débiteur à
porter son argent au créancier, pût s'appliquer à l'obligation contractée sous la loi actuelle qui veut, à défaut de stipulation expresse, et lorsqu'il ne s'agit pas
d'un corps certain et déterminé, que le paiement soit
fait au domicile du débiteur (1247), et par conséquent que ce soit le créancier qui aille chercher la
somme qui lui est due : ce serait évidemment enlever
au débiteur un droit acquis. Et cependant, ne peut-on
pas dire qu'il s'agit ici du mode d'exécution du contrat ?

C'est qu'il faut distinguer dans le mode d'exécution d'un
contrat, ce qui tient au fond même du droit, et ce qui appartient plutôt à la forme. Toutes les fois qu'il s'agit de
déterminer ce que les jurisconsultes appellent le mode
d'une obligation, c'est-à-dire, son étendue et son caractère, c'est au temps de la convention qu'il faut se
reporter, parce que ce sont les dispositions de cette loi

que les parties sont censées avoir adoptées comme clauses tacites et supplémentaires. Mais lorsqu'il est question de la forme à observer pour l'exercice du droit résultant d'un contrat, c'est uniquement la loi du temps où l'on agit qu'il faut suivre. C'est ce que décide en termes exprès, même pour les procédures commencées avant la publication d'une loi nouvelle, un arrêté du gouvernement du 5 fructidor an IX, où il est dit : « Tout ce qui touche à l'instruction des affaires, tant qu'elles ne sont pas terminées, se règle d'après les formes nouvelles, sans blesser le principe de la non-rétroactivité, *que l'on n'a jamais appliqué qu'au fond du droit.* » Voyez aussi l'art. 1041 du Code de procédure.

Cela tient à ce principe général, que nous nous étonnons de ne pas trouver exprimé par M. Duranton, savoir que le législateur peut, sans altérer la nature d'un droit, sans rien ôter à son intégrité, soumettre son exercice à telles formalités, à telles diligences qu'il juge convenables, pourvu toutefois que ces formalités, ces diligences ne dépendent pas d'événemens ou de faits étrangers à la volonté des parties intéressées. Il est clair en effet, qu'en prescrivant certaines diligences, certaines formalités, le législateur ne fait que disposer de l'avenir qui lui appartient.

Ainsi, comme le fait judicieusement observer le savant auteur du *Répertoire* (1), la loi ne peut pas obliger le débiteur d'une rente constituée purement et simplement sous l'ancienne législation, à en rembourser le capital, parce qu'il a acquis par le contrat de constitution

(1) Vo *Effet rétroactif*, sect. III, §. III, art. III, no XI.

qui a été passé, le droit de ne le rembourser qu'à volonté ; mais elle peut très-bien lui dire : « Tu payeras
» exactement les arrérages de cette rente ; et si tu y
» manques pendant tant d'années consécutives, tu seras,
» pour le remboursement du capital, à la merci de ton
» créancier. »

C'est peut-être faute d'avoir fait cette observation,
que M. Duranton paraît conserver quelques doutes sur
la question de savoir si, en vertu de l'art. 1912 du
Code civil, portant que *le débiteur d'une rente constituée en perpétuel peut être contraint au rachat, s'il cesse de
remplir ses obligations pendant deux ans,* le débiteur
d'une rente constituée sous l'ancienne législation peut
être contraint à en rembourser le capital, lorsque depuis
la publication du Code, il a cessé pendant deux ans d'en
acquitter les arrérages. Quant à nous, la jurisprudence
qui a consacré l'affirmative, nous paraît invariablement
fixée, parce qu'elle est fondée sur les vrais principes.

16. Nous adoptons pleinement les opinions exprimées
par M. Duranton, touchant la *preuve des obligations* et
la forme des actes, nos 66, 67, 68. Mais nous ne saurions approuver la doctrine de l'auteur relativement à la
prescription, nos 69, 70 et 71.

M. Duranton enseigne que c'est uniquement la loi
du jour où la prescription commence qui doit la régler,
et que l'art. 2281 qui veut que « les prescriptions com-
» mencées à l'époque de la promulgation du titre de la
» prescription soient réglées conformément aux ancien-
» nes lois, » n'a fait qu'appliquer le principe de la non-
rétroactivité des lois. Il ajoute « qu'en conséquence,

quand bien même une loi nouvelle établirait une prescription d'une plus courte durée, et qu'il s'écoulerait
sous son empire le temps déterminé par elle sans que
le droit eût été exercé, la prescription ne serait pas acquise. »

Nous pensons au contraire qu'en règle générale, s'il
s'est écoulé depuis la publication de la loi nouvelle, tout
le temps nécessaire pour prescrire suivant ses dispositions, la prescription est acquise, bien qu'elle ait commencé à courir sous l'ancienne législation; nous estimons
conséquemment que la disposition principale de l'art.
2281 n'est qu'une déviation des vrais principes, moti-
vée sur des considérations purement arbitraires, et qui
doit en conséquence être sévèrement restreinte dans ses
termes les plus précis, suivant la maxime : *Quod contrà
rationem juris receptum est, non est producendum ad con-
sequentias.* L. II, D. *de legibus.*

Nous nous fondons sur le principe que nous venons de
poser, que le législateur peut, sans encourir le reproche de rétroactivité, soumettre l'exercice d'un droit
antérieur à telles diligences qu'il juge convenables,
pourvu que ces diligences dépendent de la volonté de
celui à qui on les impose, parce qu'alors il ne dispose
que pour l'avenir.

Nous nous fondons encore sur ce que, tant que la
prescription n'est pas consommée, elle est si peu un
droit acquis, que celui en faveur de qui elle court ne peut
pas y renoncer (art. 2220), et que la partie contre laquelle elle est commencée peut l'anéantir par un simple
acte interruptif (art. 2242 et suiv.). Or, il n'y a que
les droits acquis qui soient à l'abri des atteintes de la

loi nouvelle. La preuve s'en trouve dans l'art. 2281 lui-même, dont la disposition finale est ainsi conçue : « Néanmoins les prescriptions commencées lors de la » promulgation du titre de la prescription, et pour » lesquelles il faudrait encore, suivant les anciennes » lois, plus de trente ans à compter de la même » époque, seront accomplies par ce laps de trente » ans. »

Le même argument peut, avec plus de force encore, se tirer de l'art. 691, qui, après avoir déclaré imprescriptibles les servitudes dont il s'occupe, ajoute, « sans cependant qu'on puisse attaquer aujourd'hui les » servitudes de cette nature déjà acquises par la posses- » sion, dans les pays où elles pouvaient s'acquérir de » cette manière. » En ne maintenant que les servitudes déjà *acquises* par la possession, le législateur anéantit évidemment toute expectative de prescription qui, à l'époque de la promulgation de l'art. 691, ne serait pas encore parvenue au dernier terme de la prescription.

Pour donner à ces principes toute la force qu'ils méritent, nous ne saurions mieux faire que de rapporter ici un passage de la dissertation déjà citée de M. Blondeau, où l'on trouvera toute l'exactitude et la profondeur ordinaire de ce jurisconsulte distingué.

« Presque tous les droits *sanctionnateurs* et même *pri-* » *maires*, dit-il, sont susceptibles de s'évanouir lors- » qu'on laisse écouler certains délais sans les exercer. » Si une loi nouvelle vient changer ces délais, elle ne » peut empêcher l'effet de ceux qui sont déjà accom- » plis; mais tous les délais qui sont seulement com- » mencés, doivent, pour ce qui reste à courir, être

» régis par la loi nouvelle, avec cette restriction que,
» si elle en diminue la durée, les individus qui avaient
» encore, au moment de la loi nouvelle, un délai dé-
» terminé par cette loi, devront conserver au moins
» tout le délai qu'elle accorde, de manière que ce
» délai commence à courir à l'instant même de la pu-
» blication de la loi. En effet, on ne peut pas leur re-
» procher de n'avoir point agi sous la loi ancienne,
» puisqu'ils avaient un délai indéfini ou très-long ; mais
» ces individus n'auraient aucune excuse, s'ils restaient
» inactifs pendant tout le délai que la loi nouvelle a
» jugé suffisant. Lorsque la loi nouvelle prolonge, au
» contraire, l'ancien délai, ceux qui n'ont point encore
» encouru, par son expiration, la perte de leur droit,
» de laquelle perte résulteraient au profit d'autrui, des
» espérances qu'il faudrait respecter, jouiront de la
» prolongation établie par la loi nouvelle, par le motif
» que, si cette loi a jugé l'ancien délai insuffisant,
» il est insuffisant aussi pour ceux contre qui on avait
» déjà commencé à prescrire ; cette prolongation ne
» détruit d'ailleurs aucune attente solide, parce que
» toute prescription peut toujours être interrompue tant
» que le délai n'est point encore expiré (1). »

Que pourrait-on opposer à un raisonnement si clair
et si exact ? Dira-t-on, comme M. Duranton, que les
parties sont censées avoir traité en considération des

---

(1) Ce passage suffira pour faire naître dans l'esprit du lecteur une
réflexion qui se présente à nous toutes les fois que nous avons sous les
yeux un écrit de M. Blondeau : Pourquoi faut-il qu'on rencontre si
rarement, dans les ouvrages des jurisconsultes, cette précision de
style, cette logique exacte et serrée !

chances d'extinction de la créance ou du droit ? Mais ce
n'est là qu'une fiction arbitraire. Quel est celui des
contractans qui pourrait prétendre ne s'être déterminé
qu'en raison du terme établi pour la prescription ? Serait-
ce celui contre lequel la prescription doit courir ? Mais
il a dû penser qu'il serait toujours en son pouvoir d'interrompre la prescription et de conserver son droit. De
quoi se serait-il donc inquiété ? La loi l'avertira avant de
prononcer la déchéance ; il ne devra donc imputer qu'à
sa négligence la perte qu'il pourra éprouver. Serait-ce
celui en faveur duquel doit courir la prescription ? Mais
comment croire, comment serait-il admis à prétendre
qu'il a spéculé sur la négligence de son co-contractant ?

Qu'on ne se livre donc point à de vaines suppositions !
Le fondement de la prescription n'est point dans le
consentement présumé des contractans ; il est dans la
volonté directe du législateur, qui, par mesure d'ordre
public, impose à l'exercice d'un droit une durée limitée.
Cela est si vrai qu'il n'est pas permis de renoncer
d'avance à la prescription, et par conséquent de stipuler
que l'action durera au-delà du terme fixé par la loi ;
car la prolongation du terme ne serait qu'une sorte de
renonciation. Or, nous l'avons déjà dit, le législateur,
en prescrivant, ne s'oblige pas, il est libre de changer
ou de modifier ses dispositions, sans qu'on puisse l'accuser de rétroagir.

Il résulte de cette discussion que la disposition principale de l'art. 2281, étant purement arbitraire, n'étant
point la conséquence de la non-rétroactivité de la loi,
et ne pouvant pas dès-lors être étendue au-delà de
ses termes, ne doit s'appliquer ni aux prescriptions

établies par le Code de ,commerce ou par celui de procédure , ni à celles qui seraient établies dans la suite ; car l'art. 2281 ne porte que sur les prescriptions *commencées avant la publication* du titre dont il fait partie, et ces prescriptions ne peuvent être que celles dont il est traité dans ce titre même, ou qui y sont rappelées : c'est ce que la cour supérieure de justice de Bruxelles a jugé, relativement aux billets à ordre souscrits sous l'ordonnance de 1673, par un arrêt du 2 février 1821, dont les motifs nous semblent tellement bien déduits que nous croyons indispensable de les mettre sous les yeux du lecteur (1), pour clore cette controverse dont la longueur sera excusée par tous ceux qui savent l'utilité qu'il y a toujours à remonter aux vrais principes du droit.

» Attendu , dit la cour de Bruxelles , que la jouis-
» sance du terme pendant lequel le créancier peut
» intenter son action en justice, n'est pas un *droit*
» *contractuellement établi*, mais une émanation immé-
» diate de la loi, qui, par des motifs d'ordre public,
» peut, sans rétroagir, modifier le terme des prescriptions
» commencées sous les lois anciennes ; la prescription
» n'étant acquise que lorsque le dernier jour du terme
» est accompli ;

» Attendu que l'art. 189 du Code de commerce qui
» fixe la prescription de cinq ans pour toutes actions
» relatives aux lettres de change et billets à ordre,
» embrasse, sous la généralité de ses expressions, les
» billets à ordre créés antérieurement;

(1) Cet arrêt se trouve dans le *Répertoire*, v° *Prescription*, sect. 1, §. III.

» Attendu que, si l'art. 2281 du Code, *qui ne traite*
» *point des lettres de change ni des billets à ordre*, n'eût
» pas fait d'exception à l'égard des prescriptions com-
» mencées, en leur conservant la durée du temps fixé
» par les anciennes lois, ce terme eût également été
» modifié en matière civile; que même la dernière par-
» tie de cet article sert à démontrer qu'il n'y a pas de
» rétroactivité, puisqu'il dispose formellement que les
» prescriptions commencées pour lesquelles il faudrait
» encore, suivant les anciennes lois, plus de trente ans
» à compter de la publication de ce Code, seront accom-
» plies par le laps de trente ans ; — par ces motifs, etc. »

SECTION V.

De l'effet de la loi quant aux personnes et aux biens.

SOMMAIRE.

17. *La distinction des lois en réelles et personnelles est au-*
　　jourd'hui moins importante qu'autrefois.

18. *Observation sur la défiance avec laquelle il convient*
　　de recevoir les décisions des anciens jurisconsultes
　　sur cette matière.

19. *De quelle nature faut-il que soient les biens possédés en*
　　France par des étrangers, pour qu'ils soient régis
　　par la loi française ?

20. *Simple observation sur la nature du statut qui prohibe*
　　l'aliénation des immeubles dotaux.

21. *Questions relatives à l'étendue de la règle* locus regit actum.

17. M. Duranton explique ici la distinction des lois *réelles* et *personnelles*.

L'unité de législation a fait perdre à cette distinction la plus grande partie de son ancienne importance, et ce n'est certainement pas là le moins heureux de ses résultats. Au milieu de la prodigieuse variété des lois qui régissaient la France, il devait y avoir contrariété et lutte fréquente entre le statut du domicile d'un individu et celui de la situation de ses biens. Aussi quelle foule de questions sur la réalité ou la personnalité des lois! et par suite, combien d'arrêts, d'écrits, de controverses sur cette matière difficile! Aujourd'hui, ces questions sont beaucoup plus rares; ce n'est guère que dans le cas de biens possédés en France par un étranger ou par un Français en pays étranger, qu'elles peuvent se présenter; et alors ce sont encore les monumens de l'ancienne jurisprudence, les arrêts des parlemens, les ouvrages de *Boullenois*, de *Rottemburg*, de *Prévost de la Jannès*, de *d'Aguesseau*, qu'on va consulter; aucun des auteurs qui ont écrit depuis le Code n'ayant, que nous sachions, traité la matière *ex professo*.

18. Ceci nous amène à faire une observation générale sur la manière d'étudier ces anciens jurisconsultes. La force accordée à une loi personnelle d'étendre ses effets partout où la personne se transporte, et même partout où elle a des biens, est fondée sur certaines règles du droit des gens, sur la nécessité de favoriser et de régler

les rapports entre individus de différentes nations ;
elle résulte d'une sorte de condescendance réciproque
entre les divers législateurs des peuples. Mais cette
condescendance, cette courtoisie, pour ainsi dire,
devait nécessairement être plus grande entre les diverses
législations qui se partageaient le territoire français,
qu'entre celles de deux peuples absolument étrangers
l'un à l'autre. Le lien qui unissait les différentes provinces
du royaume établissait entre leurs habitans des rapports
bien plus favorables que ceux qui peuvent exister entre
des étrangers ; et malgré la diversité des coutumes, il
y avait un droit commun, qui assurait à chacune d'elles
une réciprocité de droits et d'égards que la loi française n'est pas sûre de trouver dans les législations
étrangères.

Il suit de là que ce n'est pas sans défiance et sans
réserve qu'il faut suivre les décisions des anciens auteurs,
relativement à la réalité ou à la personnalité des lois ;
car il ne faut pas perdre de vue que ces auteurs traitaient
principalement de l'autorité que pouvait avoir dans
une province le statut d'une autre province du même
royaume, et qu'il s'agit aujourd'hui de déterminer l'autorité que peut avoir dans un pays la loi d'une nation
étrangère.

19. Nos opinions diffèrent peu de celles exprimées
par M. Duranton, sur la réalité et la personnalité des
lois : il serait difficile qu'il en fût autrement, l'auteur
s'étant borné à poser le principe général de la distinction,
et à l'appliquer à quelques exemples, sur lesquels il
s'élève maintenant peu de doute.

Cependant nous ne sommes pas d'accord sur l'étendue
à donner à la loi réelle française. De quelle nature
faut-il que soient les biens possédés en France par des
étrangers, pour qu'ils soient régis par la loi française?
Telle est la première question que nous voulons examiner. Nous ferons aussi une courte réflexion sur la
question de savoir si la loi qui interdit l'aliénation des
immeubles dotaux, est réelle ou personnelle.

Et d'abord, de quelle nature faut-il que soient les
biens possédés en France par des étrangers, pour qu'ils
soient régis par la loi française? Sur ce point, après
avoir rapporté l'art. 3 du Code qui dispose : « Les
» immeubles situés en France, même ceux possédés
» par des étrangers, sont régis par la loi française, »
M. Duranton ajoute, n° 90 : « Pour les meubles, il
n'en est pas ainsi ; ces meubles sont censés n'avoir
point de situation particulière, ils sont ambulatoires
comme la personne, et, par conséquent, ils doivent
être régis, quant à la disposition qui en serait faite,
par la loi du domicile. Aussi l'art. 3 borne-t-il sa disposition aux immeubles. »

Ainsi, suivant M. Duranton, et nous savons qu'il
n'a fait qu'exprimer une opinion vulgaire, c'est par la
loi étrangère que doivent être régis les meubles possédés
en France par un étranger. C'est cette opinion que nous
allons essayer de combattre.

Détruisons d'abord une fin de non-recevoir qui nous
sera opposée par quelques esprits prévenus. Vous atta-
quez, nous dira-t-on, une doctrine reçue? D'accord ;
mais d'un côté, on voudra bien remarquer que nous ne
faisons que nier un principe devant l'application duquel

ceux-mêmes qui l'admettent semblent continuellement reculer. D'une autre part, c'est ici l'occasion d'appliquer l'observation que nous venons de faire sur la défiance avec laquelle on doit recevoir les décisions des auteurs qui ont écrit sur la matière. Si, par une sorte de convention et de condescendance réciproque, on avait admis généralement, dans l'ancien droit, que les meubles, dans quelque province qu'ils se trouvassent, seraient régis par le statut du domicile, ce n'est pas une raison pour que la loi étrangère doive aujourd'hui régir les meubles possédés en France par des étrangers ; c'est d'autant moins une raison, que les fortunes mobilières ont acquis depuis le commencement du siècle une importance qu'elles n'avaient point autrefois. Il n'y a donc aucune fin de non-recevoir à tirer de l'autorité de nos anciens jurisconsultes , et le droit imprescriptible d'examen nous appartient dans toute son étendue.

Au surplus, et c'est une profession de foi que nous ne craignons pas de faire, l'autorité de la doctrine ne prévaudra jamais en nous contre une conviction sincère acquise par une étude attentive et consciencieuse.

Nous l'avons déjà dit, ce qui doit, dès l'abord, ôter crédit à l'opinion professée par M. Duranton, c'est la nécessité où se trouvent ses partisans de la réduire en quelque sorte à l'impuissance, en reculant devant son application ; c'est aussi la bizarrerie des conséquences qu'elle entraîne.

En effet, si les meubles possédés en France par des étrangers devaient être régis par la loi étrangère, c'est à cette loi qu'il faudrait recourir pour savoir quels sont, parmi ces meubles, ceux qui sont saisissables ; comment la propriété peut en être transmise ; quand la prescription en est acquise ; c'est d'après cette loi, que la succession devrait en être dévolue à la mort du propriétaire. Et cependant, M. Merlin, celui de tous les auteurs contemporains qui a examiné la question avec le plus d'étendue, est forcé de convenir que c'est par la seule loi du lieu où les meubles se trouvent qu'il faudra décider si la saisie en est bien ou mal faite, si un effet mobilier qu'un étranger a possédé en France et qui de ses mains a passé dans celles d'un autre possesseur, est ou non sujet à la revendication de sa part, et si le nouveau possesseur l'a prescrit ou non (1). Il ne nous semble pas douteux que la loi du 14 juillet 1819, qui admet les étrangers à succéder en France de la même manière que les Français, ne soit tout aussi bien applicable à une succession mobilière qu'à une succession immobilière. Enfin, supposons un étranger propriétaire d'une forêt. Tant qu'elle sera debout, elle sera sous l'empire de la loi française ; mais la hache et la scie suffiront pour la soustraire à cet empire : car à peine les arbres seront-ils abattus que, devenant meubles, ils seront à l'instant, suivant la doctrine que nous combattons, saisis par la législation étrangère.

Sur quoi repose une doctrine si singulière, si abusive dans ses conséquences? elle repose sur une fiction de droit qui répute les meubles situés dans le domicile de la personne à qui ils appartiennent. Mais une fiction, par cela même qu'elle est une fiction, a besoin d'être consacrée par un texte formel ; elle en a surtout besoin

(1) Répertoire, v° loi, §. vi.

lorsque, comme celle dont nos adversaires se prévalent, elle déroge au droit de la souveraineté. Car, en règle générale, le législateur étend son pouvoir sur toutes les choses qui se trouvent dans son territoire. Aussi, Voët, dans son Commentaire sur les Pandectes, liv. 1, tit. IV, part. 2, n° 11, tout en admettant la maxime que les meubles sont régis par la loi du domicile, reconnaissait que cette maxime était contraire à la rigueur du droit et au pouvoir souverain : *Si tamen has juris fictiones quis à ratione naturali in hisce solis considerandâ, alienas putet, quippè desiderantes unum solum communem legislatorem lege suâ tales fictiones introducentem ac stabilientem, non equidem repugnaverim, atquè adeò tunc hoc ipsum comitali quam gens genti præstat, magis quàm rigori juris et summæ potestati quam quisque magistratus in mobilia suo in territorio constituta habet, adscribendum putem.*

Or, nous ne trouvons dans nos lois aucune disposition expresse qui consacre la fiction que les meubles sont censés situés dans le domicile de la personne à qui ils appartiennent. Comment croire que, dans un temps où les fortunes mobilières prenaient un accroissement si remarquable, les législateurs du Code aient consenti à soustraire à l'empire de la loi française les meubles possédés en France par des étrangers; qu'ils aient aliéné au profit de la législation étrangère le droit de régir ces biens, eux qui posaient le principe de la plus stricte réciprocité (art. 11), et qui consacraient le droit d'aubaine (727)? Comment le croire, à moins qu'on ne nous présente un texte positif? Or, nous le répétons, ce texte n'existe pas.

A défaut de disposition expresse, on cherche à s'appuyer sur un argument *à contrario*, tiré de ce que l'article 3 ne parle que des immeubles.

En général, l'argument *à contrario* est celui qu'on regarde à juste titre comme le moins concluant en jurisprudence (1). Celui que l'on veut tirer de l'art. 3 du Code est en particulier le moins logique qu'on puisse imaginer. Cet article porte : « Les immeubles situés en France, même ceux possédés par des étrangers, sont régis par la loi française. » Si vous voulez argumenter *à contrario* de cette disposition, il faudra dire : Les meubles situés en France, même ceux possédés par des étrangers, sont régis par la loi étrangère. Car l'article 3 parle des immeubles en général, et non pas seulement de ceux possédés par des étrangers; si donc vous prétendez que cet article est exclusif, vous devrez faire porter l'exclusion sur tous les meubles en général, et par conséquent aussi bien sur ceux possédés par des Français que sur ceux possédés par des étrangers. Or, quelle absurde argumentation que celle qui produit une semblable conclusion !

Mais enfin, dira-t-on toujours, l'article 3 ne parle que des immeubles ! Cela est vrai, mais cela peut s'expliquer. Si le Code ne parle que des immeubles, ce n'est pas qu'il ait entendu soustraire les meubles, même ceux possédés par des étrangers, à la législation française, car il se serait exprimé positivement à cet égard; mais c'est que les meubles étant, suivant l'expression de M. Duranton, ambulatoires, et de nature à être dé-

(1) M. Duranton dit, n° 127 : la règle des inclusions *ordinairement si fautive.*

placés et exportés, peuvent être régis tantôt par la loi française, tantôt par la loi étrangère, suivant leur position variable ; c'est qu'ils sont, à la différence des immeubles, sujets à changer de législation, en même temps que de territoire. Le silence de l'art. 3 à l'égard des meubles peut provenir aussi de ce que, lors de la discussion de cet article au conseil d'état, on n'était pas encore bien fixé sur la question qui nous occupe, question qui dépendait beaucoup de celles relatives au principe de réciprocité et au droit d'aubaine, lesquelles n'ont été résolues que plus tard, dans un sens qui semble exclure totalement l'empire de la législation étrangère sur les meubles situés en France.

Quoi qu'il en soit, dans le silence du Code, force reste au principe de la souveraineté, force reste aux principes du droit, et ces principes les voici dans leur simplicité : Les lois sont personnelles ou réelles ; personnelles, quand elles règlent immédiatement l'état et la capacité des personnes ; réelles, quand elles s'occupent des biens, soit mobiliers, soit immobiliers. Les lois personnelles seules suivent l'individu partout où il se transporte, même en pays étranger ; les lois réelles, soit qu'elles concernent les meubles, soit qu'elles concernent les immeubles, restent bornées au territoire. C'est blesser le principe même de cette distinction, que d'adopter une opinion d'après laquelle ce n'est pas seulement le statut personnel qui suit l'homme partout où il se transporte, mais encore le statut réel relatif aux meubles.

20. Nous ne ferons, comme nous l'avons annoncé, qu'une courte observation sur la nature du statut qui

prohibe l'aliénation des immeubles dotaux. « Une femme
étrangère, dit M. Duranton, n° 83, mariée sous le
régime dotal, ne pourrait aliéner ses immeubles dotaux
situés en France. » Nous sommes d'accord sur ce point
avec l'honorable professeur; mais cela peut bien ne pas
résulter nécessairement de ce que le statut qui établit
en France l'inaliénabilité du fonds dotal, est un statut
réel; car, lors même que ce statut serait personnel, la
décision ne changerait pas, si l'on considérait le statut
du domicile comme affectant la capacité de la femme,
en quelque lieu qu'elle agisse, et partout où elle contracte.

Dans les provinces où le régime dotal était le droit
commun des époux, où l'inaliénabilité du fonds dotal
résultait d'une disposition directe et immédiate du législateur, on a dû considérer un pareil statut comme réel.
Mais dans l'esprit du Code, il semble que la loi qui
prohibe l'aliénation des immeubles dotaux est plutôt
considérée comme personnelle. En effet, le législateur
du Code ne prononce pas immédiatement l'inaliénabilité
des immeubles dotaux, il ne la fait résulter que des conventions matrimoniales; il suppose que quand les époux
ont expressément déclaré se marier sous le régime dotal, ils ont entendu stipuler l'incapacité de la femme et
du mari pour aliéner ou hypothéquer les immeubles ap-
portés en dot. Le Code ne fait donc, ce semble, que
confirmer une incapacité conventionnelle, incapacité qui
doit suivre la femme partout; incapacité qui, par cela
même qu'elle résulte d'un contrat, serait hors des atteintes d'une loi nouvelle qui poserait en principe l'aliénabilité des biens dotaux.

Au reste, c'est ici une opinion que nous ne faisons qu'indiquer, qui a besoin d'être mûrie, et sur laquelle nous espérons avoir occasion de revenir.

21. Nous regrettons que M. Duranton n'ait pas examiné les limites de la règle *locus regit actum*, qu'il se contente d'exprimer en termes généraux, n° 91.

Cette règle est-elle tellement rigoureuse que l'on doive regarder, en France, comme nul un acte fait dans une forme condamnée par la loi du lieu où il a été passé, mais admise par la loi française? plus particulièrement, un acte que la loi française permettait de faire sous seing privé, est-il nul pour avoir été fait en cette forme par des Français, dans un pays dont la législation exigeait pour cette sorte d'acte la forme authentique?

Résulte-t-il de cette règle qu'un acte qui aurait été passé, en pays étranger, sous seing privé, par exemple un contrat de mariage, puisse valoir en France, quoique nos lois exigent la forme de l'authenticité?

Voilà deux questions sur lesquelles nous appelons d'autant plus vivement l'attention de l'auteur qu'elles n'ont été, à notre connaissance, traitées avec étendue dans aucun des ouvrages postérieurs au Code.

Ces questions, la première surtout, étaient fort controversées dans l'ancien droit. Nous devons pourtant convenir que la jurisprudence semblait, en définitive, pencher pour l'application rigoureuse de la maxime *locus regit actum*, de manière à ne pas laisser à un individu le choix entre les formes de son pays et celles du lieu où il se trouvait; celles-ci devaient nécessairement être employées : c'est ce qui a été jugé par un arrêt célèbre du parlement de Paris, du 15 janvier 1721, rendu sur les conclusions de M. Gilbert des Voisins, dont le réquisitoire a été souvent cité comme la meilleure dissertation sur ce point de droit. La question était soulevée à l'occasion d'un testament olographe fait à Douai, où cette forme n'était pas admise, par une personne domiciliée à Paris.

Pour soutenir que ce testament n'était pas valable, quoique la loi domiciliaire du testateur autorisât les testamens olographes, M. Gilbert des Voisins (1) considérait les motifs de la règle qui veut que pour les actes et *surtout pour les testamens*, on suive la loi du lieu où ils sont faits ; et il en trouvait plusieurs qu'il importe de remarquer.

Un premier motif, c'est qu'il est ordinairement impossible ou difficile de pratiquer d'autres formes que celles du lieu où l'on est.

Une seconde raison, c'est que les officiers et les autres personnes publiques qui ont caractère pour passer un testament, reçoivent ce caractère de la loi de leur pays, pour l'exercer en la forme qu'elle a établie. Ils sont donc obligés de s'y assujettir ; et l'étranger qui emprunte le secours de leur ministère, est, en quelque sorte, obligé, comme eux, de l'employer conformément aux règles qu'elle leur donne.

De ces deux raisons on ne saurait conclure la nullité d'un acte sous seing privé, d'un testament olographe,

(1) Voy. ses conclusions dans le *nouveau Denisart*, au mot *acte*, §. IV, n° 7, et dans le *Répertoire*, v° *testament*, sect. II, §. IV, art. II.

par exemple, qui aurait été fait en cette forme dans un pays dont la législation aurait exigé l'authenticité.

« Mais, ajoute le célèbre avocat-général, il nous
» paraît qu'il y a une troisième raison du principe,
» aussi considérable·que les deux premières : c'est que
» le testament a un rapport naturel à divers lieux où il
» est nécessaire que sa forme soit probante, et qu'il
» faut qu'il ait son exécution, soit au domicile du tes-
» tateur pour le mobilier, soit en autant de lieux qu'il
» y a d'immeubles sous différentes lois. On a considéré
» que. toutes ces lois, et du domicile, et de la situation
» des biens, avaient souvent des dispositions toutes
» différentes sur la forme, et qu'il n'était· pas pos-
» sible que le testateur accomplît en même temps
» toutes ces formes opposées; il a fallu se fixer à une
» seule, et celle du lieu où l'acte se fait est la plus
» convenable. Les nations en sont convenues, et elles
» vivent aujourd'hui entre elles sur la foi de cette règle.»
Puis, après avoir cité un passage de Dumoulin qui ne
nous paraît point rentrer parfaitement dans ce système,
M. Gilbert des Voisins continue : « Il est même vrai
» de dire que ce choix est fondé en grande raison. La
» forme n'est attachée ni à la personne ni aux biens,
» mais elle est inhérente au corps de l'acte. C'est elle
» qui lui donne l'être et le caractère. Il est donc naturel
» qu'il reçoive cette forme de la loi du lieu où il se fait,
» et où il commence à exister. Il a donc été juste de
» préférer cette loi, dans le concours de plusieurs,
» dont les formes ne pouvaient être toutes accomplies.»
Comme on le voit, dans l'opinion de ce magistrat et
dans celle des jurisconsultes qui professaient la même

doctrine, c'est surtout aux testamens que s'appliquait la nécessité d'employer les formes établies par la loi du lieu où l'acte se faisait.

Or, le Code contient précisément, à l'égard des testamens, une disposition spéciale qui a consacré l'opinion contraire : l'art. 999 porte qu'un Français qui se trouvera en pays étranger pourra faire ses dispositions testamentaires *par acte sous signature privée*, ainsi qu'il est prescrit en l'art. 970.

Il faut en conclure que la doctrine de M. Gilbert des Voisins n'est point dans l'esprit du Code ; que nos législateurs ont considéré la règle *locus regit actum* comme basée uniquement sur les deux premiers motifs énoncés dans le plaidoyer que nous venons de rapporter, qu'ils l'ont considérée par conséquent, non point comme prescrivant avec rigueur, mais seulement comme autorisant l'emploi des formes du lieu où l'on se trouve. La disposition de l'art. 999, quoique spéciale dans ses termes, doit donc être généralisée ; elle offre un argument *à fortiori* pour les actes autres que les testamens.

Dans le fait, on conçoit bien qu'attendu la difficulté, souvent même l'impossibilité de pratiquer d'autres formes que celles du lieu où l'on est, le législateur ait pu accorder foi à des actes revêtus de formes étrangères ; mais on ne voit pas également pourquoi il refuserait confiance à des actes revêtus des formes que lui-même a prescrites, et qu'il a regardées par conséquent comme des garanties suffisantes. Qu'on ne dise pas que les nations sont convenues de considérer comme nul tout acte qui ne serait pas confectionné suivant les règles du lieu où il a été fait : c'est là une supposition gratuite. Tout ce que le droit des gens demande, tout ce que l'intérêt des relations entre individus de différentes nations exige, c'est qu'on reconnaisse comme valable l'acte passé suivant les formes locales. Aller plus loin, c'est se jeter dans l'arbitraire.

Est-il bien exact aussi de dire que la forme n'est attachée ni à la personne ni aux biens? La forme nous semble se lier étroitement à la capacité ou à la disposition des biens. N'est-il pas évident, par exemple, qu'en refusant aux Français la faculté de faire en pays étranger un testament olographe, le Code eût restreint la capacité de tester, en ôtant un moyen d'exercer cette faculté en pays étranger?

D'après ce que nous venons de dire, on peut prévoir la solution que nous donnons à la seconde question : résulte-t-il de la règle *locus regit actum*, qu'un acte qui aurait été passé en pays étranger sous seing privé, par exemple, un contrat de mariage, doive valoir, quoique nos lois exigent la forme authentique? L'affirmative ressort du sens que les auteurs du Code nous paraissent avoir donné à la maxime *locus regit actum*. Nous pensons qu'ils ont considéré cette maxime, non pas comme imposant, mais bien comme autorisant, en général, l'emploi des formes du lieu où l'on se trouve. Leur but, en adoptant cette maxime, a été d'empêcher qu'un Français ne fût privé de la faculté de faire tel ou tel acte en pays étranger, s'il restait assujetti aux formalités françaises. Or, ce but serait ou pourrait être manqué, si l'on restreignait l'application de la règle *locus regit actum* de manière à ne pas permettre au Français de faire sous seing privé, suivant l'usage local, un acte, par exemple, un contrat de mariage, pour lequel nos lois exigent la forme authentique. Il serait possible, en effet, que l'usage de faire sous signature privée certains actes pour lesquels notre législation prescrit l'authenticité, fût tellement répandu en quelques pays, que peu ou aucun de ces actes n'y fût reçu par un officier public. Le Français qui se trouverait dans un de ces pays, pourrait éprouver des difficultés à employer une forme inusitée : c'est à lever ces difficultés qu'est destinée la règle toute favorable *locus regit actum.*

Si la question s'élevait spécialement à l'occasion d'un contrat de mariage, elle ne nous semblerait pas douteuse ; car, d'un côté, l'art. 1394 ne dit pas simplement que le contrat de mariage devra être authentique, il désigne expressément l'officier public qui doit le recevoir : « Toutes conventions matrimoniales seront rédigées, avant le mariage, par acte devant *notaire.* » En parlant de notaire, la loi fait assez entendre qu'elle ne prévoit que le cas où l'acte est passé en France : il n'y a donc rien dans sa disposition qui répugne à l'application de la règle *locus regit actum.* D'ailleurs, il n'y a certainement pas de raison pour exiger moins impérieusement l'authenticité pour l'acte même de célébration du mariage, que pour l'acte destiné à constater les conventions pécuniaires des époux. Or, l'art. 170 déclare valable le mariage contracté en pays étranger entre Français, et entre Français et étrangers, s'il a été célébré *dans les formes usitées dans le pays.* D'où il suit que si la législation d'un pays étranger permettait de dresser sous seing privé l'acte de célébration de mariage, on devrait nécessairement considérer comme valable

l'acte de mariage qu'un Français passerait en cette forme
dans ce pays. A plus forte raison, doit-on déclarer valable l'acte destiné à constater les conventions anté-
nuptiales, passé par un Français sous seing privé, suivant l'usage autorisé dans le pays.

SECTION VI.

De l'application de la loi.

Nous n'avons rien à dire sur les doctrines professées
ici par l'auteur. Nous le louerons de n'avoir point, au
début de son livre, accumulé ces règles générales d'interprétation doctrinale dont le vague laisse dans l'esprit
des élèves tant d'obscurité et d'incohérence. Il en est de
ces règles comme de l'art d'écrire ou de raisonner,
on ignore si elles ont servi à quelque chose ; et dans
tous les cas, l'exercice, la pratique en apprend plus
que tous les traités.

Nous insisterons aussi avec l'auteur, n° 96, sur un
principe d'ordre public qu'il est d'autant plus utile de
maintenir, qu'on a essayé de le combattre en invoquant
les droits sacrés de la conscience. Nous voulons parler
du principe de l'obéissance passive du juge à loi.

Le magistrat qui, sous prétexte d'obéir à sa conscience, juge suivant son opinion et contrairement à la
loi, commet à la fois un parjure et une usurpation ;
car, si on lui doit soumission quand il parle au nom
de la loi à laquelle il a juré lui-même obéissance, il n'a
plus d'autorité quand il parle au nom de sa raison in-
dividuelle.

L'omnipotence du jury, en matière criminelle, s'est mise par le fait au dessus des théories; cependant elle a ses adversaires, et bien certainement elle offrirait les plus graves dangers en matière civile. Mais l'omnipotence du juge est insoutenable. Les juges ne peuvent pas, comme le juré, se retrancher dans leurs devoirs de conscience; car on a le droit de dire d'eux avec d'Argentrée : *Aut sedere desinant, aut secundùm leges judicent.*

Au reste, si l'ancienne magistrature, à qui l'état politique d'alors accordait tant d'indépendance, s'est constamment montrée animée d'un sentiment profond d'obéissance à la loi, ainsi que l'attestent les présidens Favre (1) et Bouhier (2), et le chancelier d'Aguesseau (3), on ne peut pas craindre que la magistrature nouvelle s'éloigne de ce sentiment, aujourd'hui que la soumission du juge à la loi est garantie par la nécessité de motiver expressément les jugemens, et par la belle institution de la cour de cassation.

SECTION VII.

De l'abrogation de la loi et de la renonciation que les parties peuvent faire au bénéfice de ses dispositions.

SOMMAIRE.

21. *Une loi peut-elle être abrogée par le non-usage ?*
22. *Avons-nous un droit non-écrit ?*

(1) *Jurisprudentia Papinianea*, tit. 2, p. 2, *illat.* 2.
(2) Obs. sur la cout. de Bourgogne, chap. 2, n° 48.
(3) Mercuriale sur l'autorité du magistrat.

23. *M. Duranton confond mal à propos la distinction des lois* d'ordre public et d'intérêt privé, *avec celle des lois* impératives, prohibitives *et* facultatives.

21. M. Duranton, après avoir parlé de l'abrogation expresse des lois, s'occupe de leur abrogation tacite ; il en reconnaît deux sortes : la première naît de l'incompatibilité de la loi nouvelle avec l'ancienne ; la seconde résulte, suivant l'honorable professeur, n° 107, de la désuétude dans laquelle la loi est tombée.

Mais est-il bien vrai que le non-usage puisse abroger une loi ? Nous avouerons que l'affirmative était une maxime généralement reçue dans l'ancienne jurisprudence ; elle s'appuyait sur les textes du Digeste rapportés par M. Duranton. Mais ces textes nous semblent reposer sur des principes inconciliables avec notre constitution politique. En effet, comme M. Duranton le dit lui-même, n° 26, la maxime *inveterata consuetudo pro lege non immeritò custoditur*, était fondée sur ce qu'il importait peu que les citoyens eussent manifesté leur volonté tacitement par l'usage, ou expressément par une loi. C'est la disposition de la loi 32, § 1, ff. *de legibus.* Telle est aussi la pensée qui ressort du § 11 aux Institutes, *de jure nat. gentium et civili*, ainsi conçu : *Ea verò quæ ipsa sibi quæque civitas constituit, sæpè mutari solent,* VEL TACITO CONSENSU POPULI, *vel aliâ posteà lege latâ.* Or, il est évident que ces textes se réfèrent à l'ancien état politique des Romains, et supposent que l'autorité législative résidait dans le peuple.

Aussi ces textes durent n'avoir plus de sens quand les empereurs eurent acquis tout le pouvoir législatif.

Alors, Constantin fut fondé à déclarer (1), comme il l'a fait dans la L. 2, C. *quæ sit long. consuet.* que les coutumes ne peuvent jamais prévaloir contre la loi : *consuetudinis usûsque longævi non vilis auctoritas est : verùm non usquè adeò sui valitura momento, ut aut rationem vincat, aut legem.*

Dans l'ancienne France, les coutumes avaient force de loi : dans les provinces même régies par le droit écrit, on admettait comme obligatoires toutes les modifications introduites par l'usage. Cela était venu de la nécessité de respecter les mœurs et les traditions des différentes races d'hommes qui s'étaient établies sur notre sol ; cela se maintint, même après le travail du moyen âge, par l'absence d'un Code, par l'absence même d'une autorité législative bien organisée. Force était de laisser au peuple, ou pour mieux dire peut-être, aux divers peuples du royaume, la faculté de se faire à eux-mêmes des règles de droit ; du moins quant à leurs intérêts civils. Mais depuis notre codification, depuis l'organisation régulière du pouvoir législatif, l'empire des coutumes a dû cesser. On ne reconnaît plus pour loi que les délibérations votées par les chambres et sanctionnées par le Roi, suivant les formes déterminées par la constitution ; et par conséquent, nous n'avons pas, comme les anciens Romains, deux moyens de changer notre législation ; nous n'en admettons qu'un seul : *aliâ posteà lege latâ.*

22. Il résulte de là, que nous n'avons plus, à pro-

(1) Suivant l'observation judicieuse de M. Ducaurroy, *Institutes expliquées*, t. 1, n° 47.

prement parler, de droit non écrit. En effet, de quoi
se composerait notre prétendu droit non écrit ? La loi
du 30 ventôse an 12, art. 7, porte que « les lois romaines, les ordonnances, les *coutumes générales ou
locales*, etc., ont cessé d'avoir force de loi dans les matières qui sont l'objet du Code civil. » L'art. 1081 du
Code de procédure anéantit les coutumes et usages relatifs à la procédure. Enfin la cour de cassation a très-
bien jugé, le 21 avril 1813 (1), que les usages ruraux
non maintenus par la loi du 28 septembre 1791 ou par
le Code civil sont abolis. Je le répète, de quoi se composerait donc notre droit non écrit ? A la vérité, le Code
civil renvoie plusieurs fois (voy. art. 663, 671, etc.) aux
usages locaux sur des points prévus ; mais comme l'usage
alors n'a de force obligatoire qu'en vertu d'une disposition expresse, il ne peut pas être considéré comme
formant un droit non écrit, car le propre, le caractère
de ce droit est de ne tirer sa force obligatoire que de
l'usage, indépendamment de toute prescription législative. Nous croyons donc que c'est inconsidéremment que
les auteurs contemporains, et notamment M. Duranton,
n° 26, ont conservé l'ancienne distinction du droit *écrit*
et du droit *non écrit*.

23. Nous avons parlé de l'abus qu'on avait fait de la
distinction des lois en *prohibitives*, *impératives* et *facultatives;* distinction qui ne repose le plus souvent que
sur les mots, distinction qui manque de justesse, quand
on considère que les lois dites *facultatives* rentrent néces-

(1) Répertoire, v° *voisinage*, §. iv, 6.

4

sairement dans les deux premières classes, puisqu'il est clair qu'on ne peut accorder à quelqu'un une faculté, sans imposer à d'autres l'obligation d'en souffrir l'exercice (1). Les nos 109 et 110 du *Cours de droit français* nous offrent l'occasion de signaler encore une erreur produite par cette distinction.

L'auteur, dans le dessein d'indiquer une règle facile pour connaître quelles sont les lois auxquelles on peut ou non déroger par des conventions particulières, enseigne qu'on ne peut pas déroger ainsi aux lois *prohibitives* ou *impératives*. M. Duranton confond les lois prohibitives et impératives avec celles *d'ordre public*, dont il est parlé dans l'art. 6 du Code. Mais l'erreur est ici sensible. Un grand nombre de dispositions prohibitives ou impératives peuvent n'avoir point pour objet l'ordre public, et n'avoir été portées que dans l'intérêt privé des citoyens. Ainsi, la loi veut qu'en général le défendeur soit assigné devant le juge de son domicile ; c'est une loi impérative. En pourrait-on conclure qu'il ne serait pas loisible aux citoyens de déroger à cette loi par une convention particulière ? Non, car cette conclusion serait formellement contredite par l'art. 111 du Code civil. Les contractans peuvent convenir que leurs difficultés seront jugées par un tribunal autre que celui du domicile du défendeur. Pourquoi ? parce que la loi à laquelle ils dérogent par cette stipulation, n'a été portée que dans l'intérêt privé du défendeur. On pourrait facilement multiplier les exemples.

Ce n'est donc point parce que la loi sera conçue en

(1) Toullier, t. 1, n° 85.

forme de prohibition, *nul ne peut, ou ne pourra*, etc. ;
ou parce qu'elle sera formulée en termes impératifs, qu'on
devra décider que les conventions particulières n'ont
pu y déroger. A cet égard, la question sera toujours de
savoir si la dérogation à cette loi blesse l'intérêt public,
ou si elle n'offense que l'intérêt privé. Il ne faut donc
point substituer la périlleuse distinction des lois en prohibitives, impératives et facultatives à celle des lois
d'ordre public, et des lois d'intérêt privé. C'est pourtant
ce que M. Duranton a fait.

Ce que l'auteur dit à ce sujet n'est que le corollaire
d'une doctrine aujourd'hui proscrite, et que M. Duranton lui-même est loin d'admettre (1), mais que, sur
la foi de quelques textes de droit romain, nos anciens
auteurs avaient adoptée; doctrine spécieuse et fort ex-
péditive en vérité, mais absurde et pleine d'iniquités
dans l'application, d'après laquelle les lois prohibitives
emportaient virtuellement la nullité de tout ce qui était
fait contrairement à leurs dispositions. Cette doctrine
était reproduite dans le projet du Code civil ; M. Portalis, auteur du livre préliminaire, y avait inséré un article (2) portant : « Les lois prohibitives emportent peine
de nullité, quoique cette peine n'y soit pas formellement exprimée. » Cette disposition, qui avait donné
lieu à des observations critiques de la part de plusieurs
des tribunaux auxquels le projet avait été communiqué, et
notamment aux observations du tribunal de cassation (3),

(1) Voyez notamment, t. 2, n° 176.
(2) Art. 5 du titre IV.
(3) Le tribunal de cassation s'exprimait ainsi (p. 7 de ses obs.) :
» Cet art. 9 du projet n'est-il pas inutile et dangereux ? A quoi recon-

a été fort sagement retranchée du Code, quoiqu'il ne soit pas impossible d'y rencontrer encore quelque trace de la doctrine qu'elle était destinée à sanctionner.

Il semble même que M. Duranton soit allé au-delà de l'ancienne doctrine, que du reste il n'admet pas en principe, comme nous l'avons dit, et qui est en opposition avec plusieurs textes législatifs, tels que les articles 1030 du Code de procédure, et 408 du Code d'instruction criminelle; car, suivant lui, ce ne serait pas seulement les lois prohibitives, mais encore les lois impératives qui emporteraient nullité.

Il est sans doute difficile de préciser à quel caractère on reconnaîtra une loi *d'ordre public*, et nous croyons qu'à cet égard il faudra s'en tenir aux notions générales présentées par M. Merlin, *Rép.* v° *loi*, § 8. Mais ce serait se jeter dans de bien plus grands embarras, et se livrer à de bien plus graves abus, que de substituer à la disposition de l'art. 6 du Code, la distinction scolastique des lois impératives, prohibitives et facultatives.

» naîtra-t-on le vrai caractère d'une loi prohibitive ? Sera-ce l'expres-
» sion dont le législateur se sera servi qui le déterminera? Mais
» combien de lois emploient la tournure prohibitive, lorsque leur
» véritable sens n'est que d'ordonner, de disposer? Et quel champ
» ouvert aux procès, s'il faut chercher dans l'intention de la loi, le
» vœu prohibitif pour en conclure qu'elle emporte peine de nullité. »

LIVRE PREMIER.

DES PERSONNES.

TITRE PREMIER.

DE LA JOUISSANCE ET DE LA PRIVATION DES DROITS CIVILS.

Nous laissons passer les *observations préliminaires* que M. Duranton a mises en tête de ce livre premier, et dans lesquelles nous avons été surpris de ne pas rencontrer une explication claire et précise de ce qu'on doit entendre par droits *civils;* nous regrettons aussi de n'y avoir pas vu reproduire une distinction judicieusement faite par Richer entre la *vie civile*, et les *droits civils* proprement dits, que cet excellent auteur appelle aussi *droits de cité;* distinction sur laquelle nous espérons revenir en parlant de la mort civile. Arrêtons-nous au *chapitre premier*, que M. Duranton intitule :

De la distinction des personnes en Français et étrangers, et de la jouissance des droits civils.

SOMMAIRE.

24. *On naît* Français, *ou on le* devient; *cette division plus simple que celle adoptée par M. Duranton.*
25. *Développemens donnés à la proposition exprimée dans le n°* 121 *du* Cours de droit.

24. Suivant l'auteur, on peut être Français de trois manières : par droit de naissance, par le bienfait de la

loi, par la réunion d'un territoire à la France. Nous
n'insisterons pas sur cette distinction qui n'a peut-être
pas une grande précision, car il n'est pas facile de comprendre ce qui peut justifier cette détermination spéciale de Français *par le bienfait de la loi*, qui, rigoureu-
sement parlant, semble pouvoir appartenir à tous les
Français. Nous dirons seulement que nous préférons une
division plus simple et plus utile, selon nous, qui consiste à distinguer entre les Français, ceux qui sont *nés*
tels, et ceux qui le sont *devenus*. Quand naît-on Français?
quand le devient-on? Telles sont, en effet, les deux
questions qui embrassent toute cette matière.

La réponse à ces deux questions peut se résumer
ainsi :

On *naît* Français, quand on est issu d'un Français,
peu importe le lieu de la naissance.

On *devient* Français : 1° par la naturalisation obtenue
du Roi, c'est la manière générale de devenir Français ;
2° par l'une des manières spéciales établies par les articles 9, 10, 12, 18 et 19 du Code, en faveur de certaines personnes; 3° par la réunion d'un territoire à la
France, ce qu'on peut regarder comme une naturalisation
accordée en masse à tous les habitans.

Suivons maintenant M. Duranton dans l'examen des
diverses questions qu'il se propose pour déterminer l'état
de certains individus.

25. L'auteur se demande d'abord si les enfans de
l'étranger admis par le Roi à établir son domicile en
France, sont Français par droit de naissance? Il répond
négativement. Nous adoptons pleinement cet avis, mais

il nous paraît nécessaire d'ajouter quelques développemens aux raisons dont M. Duranton s'appuie, et de répondre à quelques objections qu'il a passées sous silence.

Parmi les jurisconsultes qui ont embrassé l'opinion contraire, il faut mettre en première ligne M. Proudhon,
dont l'autorité est assez imposante pour qu'il soit toujours fort utile de ne pas laisser ses argumens sans réponse. Cet auteur distingué déclare Français d'origine,
non-seulement les enfans de l'étranger établi en France
avec l'autorisation du Roi, mais même ceux de l'étranger qui y a fixé son domicile sans autorisation.

Voici ses principales raisons :

« 1° L'étranger d'origine, mais domicilié en France
à perpétuelle demeure, n'est plus un étranger proprement dit, et dans toute l'étendue du terme, *puisque son
état personnel est l'état d'un Français;* il n'y a donc point
de nécessité d'appliquer à son enfant le texte rigoureux
de l'art. 9 du Code, puisqu'il peut être entendu, même
plus naturellement, des enfans de l'étranger proprement
dit, qui n'auraient pour eux que le simple fait de leur
naissance sur le sol français. »

Cette première objection repose, comme l'indiquent les
mots soulignés, sur une doctrine particulière à M. Proudhon, suivant laquelle l'étranger établi en France, avec
ou même sans autorisation, n'est plus régi, quant à son
état et à sa capacité personnelle, que par la loi française. Mais cette doctrine, manifestement contraire,
suivant nous, à l'esprit comme à la lettre de l'art. 13 du
Code, a été généralement combattue par les auteurs (1),

_____

(1) **On** peut voir à cet égard l'opinion développée de M. Merlin,
Répertoire, v° *étranger*, §. 1, n° 10.

et repoussée par la jurisprudence des tribunaux ; et c'est un principe désormais incontestable que l'étranger domicilié en France , même avec l'autorisation royale , est soumis , jusqu'à sa naturalisation obtenue , aux lois personnelles de son pays natal.

L'erreur de M. Proudhon à cet égard est provenue , nous le croyons , de ce qu'il a écrit sous l'influence d'anciens principes qui ne sont plus dans l'esprit de notre législation actuelle. M. Proudhon , en effet , en faisant dépendre du seul fait du domicile la question de savoir à quelle loi personnelle on est soumis , attribue à l'établissement du domicile des conséquences juridiques qui pouvaient être vraies dans l'ancien droit , alors qu'il s'agissait surtout de déterminer les effets de la translation du domicile d'une province dans une autre , mais qui ne sont plus en harmonie avec les principes du droit nouveau , lequel n'a plus à s'occuper que des effets de la translation du domicile dans un pays tout-à-fait étranger à l'émigrant.

« On ne conçoit , dit cet honorable jurisconsulte , p. 90, que deux manières de distinguer à quelle nation un individu appartient ; ou par l'appel nominal des membres qui composent les diverses associations civiles ; ou par la fixation du domicile que l'homme a choisi dans le territoire de l'une , plutôt que dans celui de l'autre ; mais l'appel nominal ne se présente pas plutôt à la pensée , qu'elle s'en effraie et le repousse comme impossible dans son exécution ; reste donc le domicile pour le seul moyen de faire cette distinction. » M. Proudhon oubliait , en écrivant ceci , que notre législation a adopté , comme moyen de distinguer les individus qui composent l'association française , les registres de l'état civil.

La première objection présentée par M. Proudhon pour soutenir que l'enfant né d'un étranger établi en France, est Français d'origine, ne doit donc pas nous arrêter; la seconde semble plus spécieuse.

26. 2° L'art. 2 de la constitution du 22 frimaire an VIII porte : Tout homme né et résidant en France, qui, âgé de 21 ans accomplis, s'est fait inscrire sur le registre civique de son arrondissement communal, et qui a demeuré depuis pendant un an sur le territoire de la république, est *citoyen français.* « Donc, ajoute M. Proudhon, le fils d'un père quelconque, même étranger d'origine, mais domicilié en France, est citoyen de plein droit, comme tout autre habitant de l'empire, dès que, parvenu à sa majorité, il s'est fait inscrire au registre civique, puisqu'il a en sa faveur toutes les qualités et conditions requises par l'acte constitutionnel; donc il est Français d'origine, parce qu'il faut être Français avant que d'être citoyen. »

La conclusion tirée par M. Proudhon du texte de la constitution de l'an VIII est parfaitement juste. Nous croyons qu'effectivement il était dans l'esprit de cette constitution de considérer comme Français le fils de l'étranger né en France. Mais l'art. 9 du Code ayant admis un principe précisément contraire, il faut dire qu'il y a eu dérogation à l'art. 2 de la constitution, ou du moins au principe que cet art. 2 supposait établi. Cette dérogation nous paraît, en effet, manifeste; il n'est pas sans importance de la signaler.

Lors de la discussion du projet du Code, au conseil-d'état, on proposa de déclarer Français *tout individu né en France :* cette proposition fut même d'abord adoptée. On ne manqua pas, pour la soutenir, de s'appuyer sur les termes précités de la constitution de l'an VIII. On lit dans le procès-verbal de la séance du 6 thermidor an IX : « M. Boulay dit qu'on peut d'autant » moins refuser les droits civils au fils de l'étranger, » lorsqu'il naît en France, que la constitution lui donne » les droits politiques. » Plus loin on voit que M. Rœderer disait aussi que la loi civile ne pouvait pas accorder aux enfans nés en France d'un père étranger, moins que ne leur donnait la loi politique pour l'intérêt de la population.

Mais, dans la suite, de fortes objections s'élevèrent contre cette proposition, notamment de la part de la section du Tribunat à qui elle fut communiquée. On trouva que c'était trop accorder au hasard de la naissance ; on en revint au principe, qui domine toute cette partie de notre législation, que c'est par la loi du sang que doit se déterminer l'état de l'enfant ; et l'art. 9 du Code fut porté, qui en reconnaissant comme étranger l'enfant né en France d'un étranger, lui facilite seulement les moyens de devenir Français.

Ainsi, évidemment, on a dérogé à la constitution de l'an VIII. Le principe admis par cette constitution était plus en harmonie avec l'esprit républicain ; celui qui est consacré par le Code, le droit du sang, est plus en rapport avec l'esprit des lois monarchiques ; et il n'est pas surprenant qu'il ait fini par prévaloir dans un temps où le chef du gouvernement songeait à rétablir la monarchie.

Ainsi, l'étranger établi en France, et alors même qu'il

y jouit des droits civils conformément à l'art. 13 du
Code, n'en étant pas moins étranger, ne peut donner
naissance qu'à des étrangers. Sans doute, se fiant à la
puissance des impressions de l'enfance, au charme qui
attache l'homme au sol qui a reçu ses premiers regards,
la France peut espérer que l'enfant de l'étranger se donnera à la terre hospitalière sur laquelle il est né ; mais,
quand elle n'a pas encore adopté le père, comment se
hâterait-elle d'adopter l'enfant ? Les liens du sang, la
mémoire de toute une famille, la pensée que son père
n'est point encore attaché irrévocablement à la France,
puisque le gouvernement français peut encore le forcer
à quitter le territoire, et lui refuser la naturalisation,
tout cela enchaîne trop fortement encore cet enfant au
pays de ses aïeux, pour que la France s'empresse de
se l'approprier, avant qu'arrivé à l'âge de la pleine
raison, il ait exprimé librement la volonté de devenir
Français. Tel est le sens de l'art. 9 : il est impossible
d'en nier l'application à l'enfant de l'étranger établi en
France, né avant que son père ait obtenu la naturalisation.

27. Comment doit se déterminer la condition de l'enfant né hors mariage, est-ce par l'état de la mère, ou
par celui du père ?

Ceci suppose que l'enfant naturel est reconnu par son
père ; s'il ne l'était pas, si le père était légalement inconnu, il est évident que son état ne pourrait se déterminer que par celui de la mère, comme l'enseigne
M. Duranton, n°s 122 et 123.

Appliquera-t-on, nonobstant la reconnaissance du père,
la règle du droit romain, *partus ventrem sequitur*, portée

à l'égard des enfans nés hors mariage? Voilà en quels
termes M. Duranton pose la question, et il se prononce
pour l'affirmative. Nous ne saurions admettre cette opinion ; et voici le principe simple et général qui nous
semble résulter de l'esprit, comme de la lettre, du Code
civil : Toutes les fois que le père est légalement connu,
c'est par l'état qu'il avait au moment de la conception
que doit se régler celui de l'enfaut, soit légitime, soit
naturel.

Remarquons d'abord que la lettre de la loi est entièrement favorable à cette thèse. En effet, dans les articles 9 et 10, le législateur ne distingue point si l'enfant
est né ou non d'un mariage légitime : *Tout individu
né en France d'un étranger*, porte l'art. 9 ; *tout enfant
né d'un Français*, dit l'art. 10. Ce serait faire violence à
la généralité de ces dispositions, au sens naturel qu'elles
présentent, que d'en refuser l'application à l'enfant naturel légalement reconnu. Peu importe que ce soit le
mariage, ou une reconnaissance volontaire, ou même la
recherche de la paternité dans les cas exceptionnels où
elle est admise, qui ait désigné le père ; il suffit qu'il
soit légalement connu, pour que l'enfant se trouve dans
les termes des articles précités. Ici encore c'est le droit
du sang qui fait loi. De quelqu'union qu'il soit issu, l'enfant d'un Français n'en est pas moins formé du sang
français, et n'en doit pas être moins considéré comme
Français.

Consultons d'ailleurs l'esprit général de notre législation, et nous verrons que la condition civile des enfans naturels tient certainement plus de celle du père
que de celle de la mère. L'enfant naturel ne porte-t-il

pas le nom de son père? Et, en considérant les souvenirs qui s'y rattachent, les devoirs qu'il impose à celui
qui le porte, ne peut-on pas dire que ce nom désigne
un Français ou un étranger ? Comment se résoudre à
regarder comme étranger celui qui portera tel ou tel
nom national , quand bien même une barre dans ses
armoiries attesterait une faiblesse chez un de ses ancê-
tres? Ajoutons que la combinaison des art. 148 et 158
du Code fait également reconnaître la préférence que
la loi donne en général au père sur la mère pour régler
l'état de l'enfant naturel.

La maxime *partus ventrem sequitur* tenait , chez les
Romains, à cette grande constitution de la famille qui
était le fondement de leur législation civile , et qui est
si étrangère à nos mœurs et à nos institutions. Chez
eux, ce n'était pas à raison de l'union qui leur avait
donné naissance , qu'on divisait les enfans en naturels
et légitimes , c'était suivant qu'ils étaient ou non dans
la famille de leur père , suivant qu'ils étaient ou non
soumis à cette puissance paternelle , dont on aurait une
bien fausse idée , si on la comparait à celle qui , dans
nos lois, est l'attribut de la paternité. Aussi n'était-ce
qu'à l'égard du père qu'on distinguait les enfans légitimes ou naturels, et non à l'égard de la mère, qui ne
pouvant jamais avoir ses enfans sous sa puissance, n'a-
vait jamais que des enfans naturels (1). Quand M. Duranton nous propose d'appliquer aujourd'hui la règle
patrem sequi non potest, *qui nullum habere intelligitur :*

(1) C'est ce que M. Ducaurroy a parfaitement prouvé dans ses *Institutes expliquées*, nos 869 et 870.

cùm is duntaxat pater sit JURE CIVILI (1) *quem justæ nuptiæ demonstrant*, comment ne s'aperçoit-il pas que cette règle n'a plus de sens dans notre droit ? Est-ce que l'enfant naturel régulièrement reconnu est censé n'avoir point de père ? N'y a-t-il, dans le système de nos nouvelles lois, que le mariage légitime qui puisse désigner le père d'un enfant ? M. Duranton n'oserait pas le soutenir. Il résulte incontestablement de la combinaison des art. 334 et suivans, que la paternité naturelle peut être établie, soit, dans quelques cas exceptionnels, par la recherche judiciaire, soit, en général, par la reconnaissance du père, sauf à l'enfant à contester cette reconnaissance, si elle est mensongère, aux termes de l'art. 339.

En vain dira-t-on : mais quels moyens l'enfant aura-t-il pour triompher dans une telle contestation ? Quelle preuve pourrait-il administrer pour détruire l'assertion de celui qui l'a reconnu ? etc. A cela nous répondrons simplement : c'est faire la guerre à la loi ; c'est dire que le législateur a mal fait d'accorder la présomption de vérité à la déclaration du père. Mais il ne s'agit pas en ce moment de savoir si la loi est bonne ou mauvaise : existe-t-elle ? admet-elle la reconnaissance du père, sauf contestation ? Voilà toute la question ; et cette question est positivement résolue par les articles précités.

(1) *Jure civili.* Ces mots prouvent que, même chez les Romains, le principe n'était vrai que dans la rigueur du *droit civil*, pris par opposition au *droit prétorien*. En effet, la loi civile s'attachant uniquement à l'état de famille, négligeait absolument les liens du sang ; mais les préteurs s'appliquèrent successivement à déroger à cette rigueur de l'ancien droit : aussi est-il certain que la maxime *is duntaxat pater est quem nuptiæ demonstrant* perdit son empire absolu dans l'application.

Tenons donc pour certain que la condition d'un enfant, même naturel, est réglée par celle de son père, toutes les fois que celui-ci est légalement connu; et finissons, sur ce point, en faisant observer que la validité de la reconnaissance d'un enfant naturel faite par un étranger, doit se juger d'après la loi étrangère, parce que le droit de reconnaître un enfant naturel tient à la capacité, laquelle est toujours réglée par la loi personnelle, par la loi nationale de celui qui agit.

28. Lorsque c'est par l'état de la mère que celui de l'enfant doit se régler, est-ce l'état que la mère avait au moment de l'accouchement, ou celui qu'elle avait au moment de la conception, qu'il faut considérer ?

M. Duranton ne discute point cette question importante, surtout dans son système où la condition de la mère doit toujours déterminer celle de l'enfant né hors mariage. Une phrase du n° 122 nous ferait seulement soupçonner que notre estimable professeur pense que c'est l'état que la mère avait au moment de la conception qu'il faut considérer. En effet, après avoir dit que l'enfant né en pays étranger, d'un père inconnu, et d'une Française qui n'a point perdu cette qualité, est Français en vertu de la première disposition de l'article 10, il ajoute : « Si la mère avait perdu sa qualité » de Française *à l'époque où il a été conçu*, il pourrait » toujours devenir Français en vertu de la seconde dis- » position du même article. » Si tel est le sentiment de M. Duranton, nous y adhérons pleinement. Toutefois, comme la question ne manque pas de gravité, et que la plupart des auteurs semblent la décider dans un sens inverse, nous croyons devoir entrer dans une controverse à laquelle nous regrettons que notre auteur ne se soit pas livré.

Les jurisconsultes s'accordent unanimement à décider que, lorsque c'est par la condition du père qu'il faut juger de celle de l'enfant, c'est l'époque de la conception qu'il faut considérer : cela ne peut pas être autrement. Mais quand c'est la condition de la mère qui doit déterminer celle de l'enfant, la plupart enseignent que c'est la condition que la mère avait au *moment de la naissance* qu'il faut considérer. C'est cette doctrine qu'on présentait sous la formule quasi proverbiale : *momentum matris, momentum · partûs; momentum patris, momentum conceptionis.* Cependant les mêmes jurisconsultes admettent à cette règle une large exception par l'effet d'une fiction empruntée au droit romain, et d'après laquelle l'enfant conçu est réputé né toutes les fois que son intérêt le demande : *infans conceptus, quoties de ejus commodo agitur, pro nato habetur.*

Quant à nous, nous pensons que cette fiction est inutile et même fausse dans notre droit ; et que, sans qu'on doive consulter l'intérêt de l'enfant, qui n'est pas en effet le seul à considérer dans cette question, c'est toujours à l'époque de la conception qu'il faut se reporter, lors même que c'est à l'état de la mère que celui de l'enfant est subordonné.

Une chose digne de remarque, c'est que la fiction *infans conceptus*, etc. qu'on prétend emprunter au droit romain, se trouve bien à la vérité exprimée dans divers textes du Digeste et des Institutes, mais ne recevait

5

pas d'application dans la matière qui nous occupe, c'est-
à-dire lorsqu'il s'agissait de savoir si l'enfant qui devait
suivre la condition de sa mère, était citoyen romain
ou étranger; sur ce point, on examinait uniquement
l'époque de la naissance (1); et Gaius, dans ses *Institutes* (2), décide que, dans le cas où une Romaine per-
drait les droits de cité pendant sa grossesse, et serait
devenue étrangère au moment de ses couches, son
enfant naîtrait étranger, en supposant, bien entendu,
qu'il ne fût pas issu *ex justis nuptiis*.

Ne nous arrêtons donc pas à cette fiction; ne nous
arrêtons pas davantage aux décisions d'Ulpien et de
Gaius, et voyons le fond des choses.

Ici une réflexion bien simple se présente. Il s'agit de
l'état originel de l'enfant. Donc, pour régler cet état,
il faut considérer l'époque où commence l'existence
civile de l'enfant. Or, nos lois, d'accord avec la nature,
reconnaissent à l'enfant une existence, non pas feinte,
mais réelle, avant la naissance et dès l'époque de la
conception. Il suffit pour s'en convaincre de lire les articles 725 et 906 du Code, dont le premier porte:
« Pour succéder, il faut *nécessairement exister* à l'instant
de l'ouverture de la succession. Ainsi, sont incapables
de succéder, 1° *celui qui n'est pas encore conçu*, etc.; »
et dont le second déclare formellement que pour être
capable de recevoir *entre vifs*, *il suffit d'être conçu* au
moment de la donation. Ainsi, l'enfant simplement conçu
a une existence véritable; il a une existence civile, qui

(1) Voy. la L. 18, ff. *de statu hom.*
(2) Comment. 1, §. 90 et suiv.

lui est propre , et qu'il ne peut dépendre d'une volonté
étrangère de lui enlever , fût-ce celle de la femme qui
le porte dans son sein. Dès l'époque de la conception,
l'enfant a des droits civils, il est capable de recevoir et
de succéder , quoique sous la condition qu'il naîtra viable;
donc, dès cette époque , sa qualité de Français ou d'étranger est déterminée. Peu importe que la mère vienne à
changer de condition pendant la grossesse ; l'enfant ,
qui a déjà un état reconnu par la loi , ne peut ni perdre
ni gagner à ce changement ; sa condition restera la
même ; il n'en naîtra pas moins Français ou étranger
suivant que sa mère, dont la condition, dans notre hypothèse, doit régler la sienne , était Française ou étrangère au moment de la conception.

D'ailleurs , y a-t-il , dans notre législation , quelque
motif raisonnable de distinguer l'époque où se règle l'état
civil des enfans légitimes , et celle où doit se déterminer l'état des enfans naturels ? Cette distinction avait
sans doute son fondement logique dans les institutions
du peuple romain ; mais elle n'en a aucun dans les
nôtres. Il n'y a nul doute que les articles 725 et 906
ne s'appliquent aussi bien aux enfans naturels qu'aux
enfans légitimes, en ce sens que les uns et les autres
ont une existence légale dès qu'ils sont conçus. Le
brocard *momentum matris* , etc. , est un de ces pré-
tendus axiomes établis par la routine , et qui ne sauraient résister à l'examen ; c'est une de ces nombreuses
et déplorables méprises dont nous sommes redevables à
une fausse intelligence du droit romain , et à cette
manie scolastique , dont une étude plus éclairée des
textes commence à nous guérir, d'appliquer aveuglé-

ment à notre droit, les décisions du Digeste et des Institutes, sans tenir compte de l'étrange diversité des mœurs
et des institutions, sans examiner si ce n'est pas admettre
une conséquence là où le principe n'existe plus, si ce
n'est pas croire à l'effet, quand la cause a cessé d'être.

Répétons-le donc avec une entière conviction, pour
tous les enfans, légitimes ou naturels, soit que leur
condition doive dépendre de celle du père, soit qu'elle
soit subordonnée à celle de la mère, c'est l'époque de la
conception qu'il faut envisager; c'est cette époque qui
fixe invariablement l'état civil de l'enfant.

29. Suivant l'art. 9, le fils de l'étranger, né en
France, pourra, dans l'année qui suivra l'époque de sa
majorité, réclamer la qualité de Français, pourvu que,
dans le cas où il résiderait en France, il déclare que
son intention est d'y fixer son domicile, et que, dans
le cas où il résiderait en pays étranger, il fasse sa soumission de fixer en France son domicile, et qu'il l'y
établisse dans l'année, à compter de l'acte de soumission.

Mais de quelle majorité l'article entend-il parler? est-
ce de celle qui est fixée par les lois du pays de l'étranger, ou de celle de 21 ans, déterminée par la loi française?

M. Duranton pense qu'il s'agit de la majorité déterminée par la loi française. C'est là, nous le savons, une
opinion assez générale; elle est partagée notamment
par M. Delvincourt dont notre auteur ne fait que reproduire les raisonnemens.

Malgré ces graves autorités, nous croyons que c'est
par la loi étrangère que doit être déterminée la majo-

rìté du fils de l'étranger, à compter de laquelle il a un an pour réclamer le bénéfice de l'art. 9.

En effet, nous l'avons prouvé, et MM. Duranton et Delvincourt sont bien de cet avis, le fils de l'étranger, quoique né en France, est étranger. Donc, en cette qualité, il reste soumis aux lois personnelles de son pays, et par conséquent à celle qui règle la majorité. Le Code veut qu'on accueille la demande du fils de l'étranger, que sa naissance en France met dans une position favorable, mais il veut que cette demande soit faite par un homme libre et capable de contracter. Or, comme au moment où le fils de l'étranger demande à contracter avec la France le pacte social, il est encore étranger, c'est par la loi étrangère qu'il faut juger de sa capacité à contracter, c'est-à-dire de sa qualité de majeur ou de mineur. Aussi, l'art. 9 ne dit pas que le fils de l'étranger aura, pour réclamer la qualité de Français, un an à compter de la majorité en général, mais de SA *majorité*, ce qui ne peut s'entendre que de la majorité de l'étranger, de la majorité telle qu'elle est fixée par la loi étrangère.

Ceux qui prétendent qu'il s'agit, dans l'art. 9, de la majorité fixée par la loi française, le prétendent par faveur pour l'individu dont il est question dans cet article. Mais comment ne voient-ils pas que leur opinion détruirait très-souvent la faveur dont, nous en convenons, cet individu jouit aux yeux de la loi? En effet, l'art. 9 entraîne déchéance du bénéfice qu'il accorde à l'étranger né en France, si celui-ci laisse passer l'année qui suit sa majorité sans faire sa déclaration ou sa soumission de fixer son domicile en France; or, précisément parce que l'époque de la majorité est en général plus reculée

chez les nations étrangères qu'en France , il arriverait
trop souvent que celui pour qui le bénéfice de l'art. 9
est établi, serait dans l'impossibilité d'en profiter, parce
que, retenu dans son pays par les liens de la minorité ,
par l'autorité de son tuteur , il ne pourrait pas venir en
France remplir les conditions prescrites par cet article.

On fait résulter une objection de ce que l'art. 3 de la
constitution de l'an VIII n'exige que l'âge de 21 ans
de l'étranger qui veut devenir Français. Mais, d'une
part, cet article ne confère à l'étranger la qualité de
Français qu'après *dix ans* de résidence ; et il n'est pas
étonnant qu'eu égard à la longueur de ce stage , on ait
permis à l'étranger de le commencer avant la majorité
fixée par les lois de son pays, pourvu qu'il fût âgé de
21 ans. Mais cette considération n'existe pas dans le cas
prévu par l'art. 9 du Code, qui accorde la qualité de
Français à l'instant même de la déclaration ou de la soumission qu'il prescrit. D'un autre côté, nous avouerons
que loin de trouver dans l'art. 3 de la constitution de
l'an VIII un argument *contre* , nous en voyons un *pour*
notre opinion. N'est-il pas naturel de penser que si les
rédacteurs du Code avaient eu en vue, dans l'art. 9 ,
l'âge dont il est question dans l'art. 3 de la constitution ,
ils se fussent servis des termes employés dans ce dernier
article qu'ils avaient sous les yeux ; et s'ils se sont servis
d'expressions différentes , s'ils ont dit : *à compter de sa
majorité* , au lieu de dire , comme la constitution , *à
compter de sa* 21ᵉ *année* , ne doit-on pas en conclure
qu'ils ont eu une idée différente ? C'est d'ailleurs le cas
de rappeler une observation que nous avons faite précédemment , savoir que le Code met en général plus

de réserve et de modération dans l'appel qu'il fait aux
étrangers , que n'en avaient mis les législateurs de
l'an VIII (1). Or, admettre le fils de l'étranger , né en
France , à venir y réclamer les droits de cité, avant sa
majorité , si la majorité est fixée dans son pays à 25 ans,
ou à tout autre âge au-dessus de 21 ans , c'eût été en
quelque sorte, autoriser, solliciter souvent un mineur
à rompre les liens qui le retiennent sous l'autorité de
son tuteur ; et tel ne nous paraît pas être l'esprit du
Code , qui veut bien accueillir l'étranger qui se donne
à la France , mais quand il s'offre avec cette entière
liberté , et cette pleine conscience de ses actes qu'on
ne peut rencontrer que dans un majeur.

30. L'enfant d'un étranger , né en pays étranger ,
mais conçu en France , pourrait-il prétendre au bénéfice de l'art. 9 ?

M. Duranton ne le croit pas ; et nous partageons son
avis , mais par des motifs différens. Suivant l'honorable professeur, n° 130 , il est vraisemblable que le législateur n'a pas eu égard , dans l'art. 9 , à la conception,
mais à la naissance , parce que le fait de la naissance

_____

(1) Si l'on veut une nouvelle preuve de cet esprit de réserve et de
prudence qui s'est introduit dans la législation nouvelle , par opposition à la législation intermédiaire , il suffira d'observer que d'après la
constitution de l'an VIII , l'accès à la qualité de Français était ouvert
à tous les étrangers indistinctement ; ce à quoi nos nouveaux législateurs ont remédié : 1° en déclarant que l'autorisation du gouvernement serait nécessaire à l'étranger pour faire le stage de 10 ans prescrit par la constitution de l'an VIII (v. art. 13 du Code ; avis du conseil
d'état, approuvé le 20 prairial an II) ; 2° en déclarant qu'à l'expiration
de ce stage, l'étranger ne sera reconnu Français qu'après que sa naturalisation aura été prononcée par le chef du gouvernement. (Décret
du 17 mars 1809.)

est certain, tandis que celui de la conception est cou-
vert d'un voile impénétrable. Tout le monde sent la faiblesse d'un pareil motif. Si la conception n'est pas couverte d'un voile impénétrable, quand il s'agit de savoir
à quelle époque elle a eu lieu, comment le serait-elle,
quand il s'agit de savoir *où* elle a eu lieu ? Il est clair
qu'il n'y a pas de raison pour accorder moins à l'appré-
ciation du juge sur l'une de ces questions que sur l'autre. Or, le législateur, et M. Duranton lui-même, ne
regarde pas comme impossible de remonter à l'époque de
la conception, puisque, comme notre auteur l'enseigne,
n° 128, c'est l'état que le père avait à cette époque
qu'il faut considérer pour régler la condition de l'enfant.

Si l'art. 9 n'est, suivant ses termes précis, applicable qu'à l'enfant de l'étranger *né* en France, c'est que
les considérations qui motivaient dans l'esprit du législateur le bénéfice de cet article, n'existent point à l'égard
de l'enfant qui aurait seulement été conçu en France.
Quelles sont, en effet, les considérations qui ont porté
le législateur à accueillir favorablement l'enfant de l'étranger né en France ? On a pensé que cet enfant serait
attaché à la France par toute l'énergie des impressions
du premier âge, par les souvenirs qui rappellent toujours vivement à l'homme la terre sur laquelle se sont
promenés ses premiers regards, le pays où se sont
développés ses premiers sentimens. Mais il est évident
que tout cela est inapplicable à l'enfant qui, né en pays
étranger, prétendrait seulement avoir été conçu en France.

31. C'est une question de droit public assez délicate,
que celle de savoir si un étranger peut obtenir du Roi

des lettres de naturalisation, sans aucune résidence préalable? M. Duranton, sans discuter cette question, semble la résoudre affirmativement, et suppose plutôt qu'il n'établit que l'étranger n'est astreint à aucun stage, en ce sens que le gouvernement peut lui accorder immédiatement des lettres de naturalisation. Voyez, en effet, les n°s 132, 135 et 141 *in fine*. Quant à nous, examen fait avec cette indépendance consciencieuse d'opinion nécessaire au jurisconsulte, et surtout, si nous avons besoin de le dire, hors de toute influence de l'esprit de parti, nous estimons que l'art. 3 de la constitution de l'an VIII, le sénatus-consulte du 19 février 1809 et le décret du 17 mars de la même année ayant force de loi, le gouvernement ne peut accorder des lettres de naturalisation qu'aux étrangers qui ont accompli le stage prescrit par ces dispositions législatives.

Que l'art. 3 de la constitution de l'an VIII, modifié par le sénatus-consulte de 1809, soit encore en vigueur, c'est ce qui ne peut être douteux. Car, d'un côté la constitution de l'an VIII, non plus que toutes les autres lois antérieures à la Charte n'a été abrogée qu'en ce qu'elle avait de contraire à celle-ci (art. 68 de la Charte). Or, la Charte ne contient rien de contraire à l'art. 3 de l'acte de l'an VIII, puisqu'elle ne s'occupe nullement des manières d'acquérir ou de perdre la qualité de citoyen français, et qu'ainsi elle laisse subsister toute la législation antérieure concernant cette matière. Certes, quand on reconnaît tous les jours comme ayant survécu à la Charte, l'article 75 de la constitution de l'an VIII, relatif à la responsabilité des agens du gouvernement, il serait difficile de rejeter comme abrogé implicitement

l'art. 3 de cette même constitution , car le premier de
ces articles tient de bien plus près que le dernier à la
constitution fondamentale de l'état, qui est l'objet de
la Charte. Au surplus, le maintien de l'art. 3 de la
constitution de l'an VIII, résulte positivement de l'art. 2
de l'ordonnance du 14 juin 1814, et surtout de la loi
du 14 octobre de la même année.

L'ordonnance du 14 juin 1814, après avoir établi, dans
son article 1er, « qu'aucun étranger ne pourrait siéger,
» ni dans la chambre des pairs, ni dans celle des dépu-
» tés, à moins que par d'importans services rendus à
» l'état, il n'ait obtenu du Roi des lettres de naturali-
» sation vérifiées par les deux chambres, » ajoute,
art. 2 : « Les dispositions du Code civil relatives aux
» étrangers et à leur naturalisation, n'en restent pas
» moins en vigueur, et seront exécutées selon leur
» forme et teneur. » Le Code civil ne contient à proprement parler aucune disposition relative à la naturalisation des étrangers ; mais il renvoie, par son art. 7, à
la constitution de l'an VIII, qu'il est censé avoir adoptée
à cet égard. Ainsi l'ordonnance du 4 juin laisse en
vigueur cette constitution, en tant que celle-ci règle la
manière ordinaire d'obtenir la naturalisation. Or, aux
termes de cette constitution, ce n'est que par dix ans
de résidence préalable que l'étranger acquiert le droit de
demander sa naturalisation ; et il n'y a d'exception à
cette règle que dans le sénatus-consulte du 19 février 1809
qui permet au gouvernement de conférer la qualité de
citoyen Français, *après un an de domicile*, à l'étranger
qui aura rendu des services à l'état, ou qui aura apporté
dans son sein des talens, des inventions ou une indus-

trie utile, etc. Donc, aujourd'hui encore ce n'est, comme
le porte le décret du 17 mars 1809, qu'après que
l'étranger aura rempli les conditions prescrites par la
constitution de l'an VIII, ou par le sénatus-consulte de
1809 qui s'est incorporé avec elle, que le gouvernement pourra lui accorder la naturalisation.

A la vérité, l'art. 1 de l'ordonnance ne soumet à la
condition d'aucun stage l'obtention des lettres de grande
naturalisation ; mais, d'une part, ces lettres ne peuvent
être accordées que pour d'importans services rendus à
l'état, et d'un autre côté, elles doivent être vérifiées
par les chambres ; elles supposent donc dans celui
qui les obtient d'éminentes garanties qui devaient lui
mériter la dispense de tout stage. Cette dispense ne
doit pas dès-lors être regardée comme une règle, mais
bien plutôt comme une exception.

La loi du 14 octobre 1814, que nous nous déter-
minons d'autant plus volontiers à rapporter ici, que
M. Duranton ne la mentionne pas, porte : « Art. 1er.
» Tous les habitans des départemens qui avaient été
» réunis au territoire de la France depuis 1791, et qui
» en vertu de cette réunion, se sont établis sur le ter-
» ritoire actuel de France, et y ont résidé sans inter-
» ruption depuis dix années, et depuis l'âge de 21 ans,
» sont censés avoir fait la déclaration *exigée par l'ar-*
» *ticle* 3 *de la loi du* 22 *frimaire an* VIII, à charge par
» eux de déclarer, dans le délai de trois mois à dater
» de la publication des présentes, qu'ils persistent
» dans la volonté de se fixer en France. Ils obtiendront
» à cet effet, de nous, des lettres de *déclaration*
» *de naturalité*, et pourront jouir, dès ce moment,

» des droits de citoyen français, à l'exception de ceux
» réservés dans l'art 1er de l'ordonnance du 4 juin, qui
» ne pourront être accordés qu'en vertu de lettres de
» naturalisation vérifiées dans les deux chambres. Arti-
» cle 2...... Article 3. A l'égard des individus nés et
» encore domiciliés dans des départemens qui, après
» avoir fait partie de la France, en ont été séparés
» par les derniers traités, nous pourrons leur accor-
» der la permission de s'établir dans notre royaume et
» d'y jouir des droits civils ; mais ils ne pourront exercer
» ceux de citoyens français qu'après avoir fait la décla-
» ration prescrite, après avoir rempli les conditions
» imposées par la loi du 22 frimaire an VIII, et avoir
» obtenu de nous des lettres de déclaration de natu-
» ralité.

» Nous nous réservons néanmoins d'accorder lesdites
» lettres quand nous le jugerons convenable, avant les
» dix ans de résidence révolus. »

Cette dernière disposition peut bien être regardée comme une dérogation à la constitution de l'an VIII, et même au sénatus-consulte de 1809 ; mais, dans tous les cas, ce n'est qu'une dérogation spéciale et uniquement relative aux individus nés et encore domiciliés dans les départemens qui ont fait partie de la France depuis 1791.

Il nous paraît donc que la loi de 1814 maintient comme règle générale la nécessité du stage, soit de 10 ans, soit d'un an, et que le gouvernement ne pourrait pas, sauf les exceptions ci-dessus indiquées, en dispenser l'étranger en lui attribuant immédiatement la naturalisation.

32. Ainsi, et en résumé, nous croyons que dans l'état actuel de la législation, un étranger peut obtenir sa naturalisation de quatre manières :

1° Après *dix ans* de résidence, suivant l'art 3 de l'acte de l'an VIII ;

2° Après *un an* de domicile, quand il se trouve dans les termes du sénatus-consulte du 19 février 1809 ;

3° *Immédiatement*, par l'obtention des lettres de grande naturalisation, vérifiées par les chambres, conformément à l'ordonnance du 4 juin 1814 ;

4° Enfin, *immédiatement*, quand il est habitant des anciens départemens, par l'obtention de lettres de déclaration de naturalité, en vertu de la loi spéciale du 14 octobre 1814.

33. En quels cas un étranger peut-il actionner un autre étranger devant les tribunaux français ? C'est un point important de doctrine sur lequel nous aurions été d'autant plus satisfaits de trouver, dans le *Cours de droit français*, une discussion méthodique, que la jurisprudence présente peu de fixité à cet égard (1). C'est

(1) Nous avons l'espoir que cette fixité ne tardera pas à s'établir. Le grand orateur qui fait la gloire du barreau de Lyon, vient de développer devant les sections réunies de la cour royale de cette ville, dans l'affaire Pinelli, une belle théorie sur la nature de l'incompétence des tribunaux français à l'égard des étrangers. Mᵉ Sauzet a démontré, avec la magnifique élocution qui le distingue, que cette incompétence ne provient point d'un défaut d'institution, comme on le dit communément ; qu'elle résulte simplement de la maxime *actor sequitur forum rei* et ne produit qu'une exception *ratione personæ*, qui peut être couverte par les défenses au fond, aux termes de l'art. 169 du Code de procédure. Quelle que soit la décision de la cour, *en fait*, l'arrêt à intervenir, qui sera digne, nous n'en doutons pas, et des honorables magistrats qui y auront concouru, et de la plaidoirie de notre éloquent confrère, deviendra un monument remarquable de jurisprudence.

donc avec regret que nous avons vu M. Duranton se
borner à émettre (n°s 152, 153 et 154) quelques pro-
positions vagues et même fautives par leur généralité,
au lieu d'une théorie complète et raisonnée.

L'honorable professeur se demande si l'étranger qui
a contracté, en France, avec un autre étranger, peut
poursuivre devant les tribunaux français l'exécution de
son contrat ; et pour toute réponse, il ajoute : « Nous
le croyons s'il s'agit d'un acte de commerce passé en
France, et c'est l'opinion généralement adoptée........
Mais lorsqu'il s'agit d'obligations purement civiles contractées entre des étrangers, même en France, nous ne
croyons pas que nos tribunaux doivent en connaître,
surtout si le défendeur décline leur juridiction. »

Sur quoi se fonde cette opinion prétendue générale
sur la compétence de nos tribunaux, lorsqu'il s'agit
d'actes de commerce passés en France? C'est ce que
M. Duranton n'explique pas. Cette opinion est-elle
d'ailleurs aussi générale, aussi exclusive que pourrait
le faire croire le passage que nous venons de citer? Nous
ne craignons pas de dire qu'il s'en faut de beaucoup.

On n'a jamais prétendu, que nous sachions, que les
tribunaux français pussent connaître indistinctement,
entre étrangers, de tout acte de commerce passé en
France. L'opinion de MM. Merlin et Pardessus, à laquelle M. Duranton paraît faire allusion, et qui, en
effet, a réuni les suffrages de la plupart des jurisconsultes, est seulement que l'art. 420 du Code de procédure est applicable aux étrangers, comme aux Français,
c'est-à-dire que les tribunaux français sont compétens,
même entre étrangers, en matière commerciale, lorsqu'il

y a ou tout à la fois promesse faite et marchandise livrée
en France, ou obligation de payer en France. En tout
autre cas, ces auteurs reconnaissent que la maxime
actor sequitur forum rei reprend sa force, et que l'étranger, assigné par un autre étranger devant les tribunaux
français, peut demander son renvoi devant ses juges
nationaux.

Encore faut-il avouer que l'application de l'art. 420
aux étrangers n'a pas été admise par la cour de cassation. On peut citer en preuve, notamment un arrêt de
rejet du 6 février 1822. Mais cet arrêt a été, dans le
Répertoire v° *étranger*, § 2, l'objet d'une juste critique
qui finira, nous en sommes persuadés, par fixer la jurisprudence jusqu'ici incertaine. Nous y renvoyons le
lecteur : il y trouvera la meilleure dissertation que nous
connaissions sur cette matière.

33 *bis*. Dans une note placée au bas de la page 97,
M. Duranton paraît approuver la doctrine de M. Delvincourt qui enseigne que, lorsqu'il s'agit de matière immobilière, un étranger peut être cité devant nos tribunaux par un autre étranger. Nous partageons cette opinion, mais nous devons ajouter qu'à notre avis, il doit
en être de même dans le cas d'une action réelle mobilière. Supposons deux étrangers qui se disputent la propriété d'un meuble situé en France : nous croyons qu'il
est impossible de refuser aux tribunaux français le droit
d'être juges de la contestation. Ce droit tient en quelque
sorte à la police du royaume ; il provient d'ailleurs de
ce que, ainsi que nous croyons l'avoir suffisamment
établi, les étrangers sont soumis à la loi réelle française,

non-seulement pour les immeubles, mais même pour les meubles qu'ils possèdent en France.

34. M. Duranton a donné un peu plus d'étendue à la question si débattue de savoir si, pour déclarer exécutoire en France un jugement rendu contre un étranger par un tribunal étranger, il y a lieu à un simple *pareatis* sans examen du fond de l'affaire, ou si l'exécution n'en peut être ordonnée qu'après révision du procès. Mais en se contentant de rapporter sommairement les motifs qu'on fait valoir de part et d'autre, il s'est exprimé de manière à nous laisser incertains sur le parti qu'il adopte en définitive.

Nous remarquons, du reste, que la question n'est pas exactement posée par l'auteur, quand il demande (p. 98) si, pour rendre la sentence étrangère exécutoire, il suffit d'une ordonnance d'*exequatur*, délivrée par le président du tribunal, comme en matière arbitrale. L'aricle 2123 exige positivement l'intervention *du tribunal*, et non pas seulement celle du président. Mais le tribunal doit-il faire débattre de nouveau et réviser le procès ? ou doit-il seulement, sans permettre un second débat sur le mérite et l'origine de la contestation, examiner si la sentence dont on demande l'exécution a été régulièrement rendue, si elle a acquis l'autorité de la chose jugée, si enfin elle ne blesse point nos lois d'ordre public ? Voilà l'état véritable de la question.

Aux raisons que l'auteur présente en faveur de la dernière opinion, nous ajouterons cette considération qui nous semble déterminante : Tout le monde convient que les tribunaux français sont incompétens pour connaître, en matière civile et personnelle, et sauf le cas où il y a élection de domicile en France stipulée dans le contrat, d'une contestation survenue entre étrangers. Or, nous le demandons, que signifierait ce renvoi aux juges étrangers, si, leur sentence une fois rendue et pour qu'elle devînt exécutoire en France, il fallait se livrer à un nouveau débat et recommencer le procès? A quoi bon ce circuit? et pourquoi les tribunaux français seraient-ils plus compétens après qu'avant le jugement des tribunaux étrangers? Un étranger fait pratiquer en France une saisie-arrêt, au préjudice d'un autre étranger : nos magistrats ne peuvent connaître de la demande en validité (1); on renvoie le saisissant à se pourvoir devant les tribunaux étrangers, et voilà qu'à son retour, on pourra lui dire : La décision des juges devant lesquels nous vous avons renvoyé, est non avenue ; le jugement que vous avez obtenu, peut-être après une longue et dispendieuse instance à laquelle nous vous avons soumis, est comme s'il n'existait pas : recommencez le débat, et plaidez maintenant? En vérité, cela serait absurde.

35. Lorsque l'étranger demandeur est dispensé de donner la caution *judicatum solvi ;* parce qu'il possède en France des immeubles suffisans pour répondre des frais, le défendeur peut-il prendre une inscription hypothécaire sur ces biens? M. Duranton enseigne la négative (note 2 de la p. 104), sur le motif que ce serait donner de l'extension à l'art. 16 du Code, qui est de

_____

(1) C'est ce qu'ont décidé fort justement deux arrêts, l'un de la cour de Paris, du 11 janvier 1817, l'autre de la cour de Bordeaux, du 16 août de la même année.

droit exceptionnel. Ce motif nous paraît peu fondé, et
nous croyons devoir adopter, sur cette question, l'avis
de M. Delvincourt, malgré les critiques dont il a été
l'objet.

Ce jurisconsulte pense que la simple justification de
propriété serait insuffisante pour atteindre le but de la
loi, qui est de fournir au défendeur une sûreté pour le
paiement des frais et dommages-intérêts auxquels l'étranger pourrait être condamné.

En effet, l'étranger pourrait vendre ou charger d'hypothèques ses immeubles avant la fin du procès, et par
là priver le défendeur de la garantie que la loi a voulu
lui donner. C'est à tort, ce nous semble, qu'on a prétendu que cette doctrine ajoute à la rigueur de la loi.
Aux termes de l'art. 16 du Code civil, l'étranger demandeur est dispensé de donner caution lorsqu'il possède
en France des immeubles d'une valeur suffisante pour
assurer le paiement des frais et dommages-intérêts. Or,
il est clair que le paiement ne peut être *assuré* que par
l'inscription hypothécaire. L'art. 167 du Code de procédure est encore plus formel. Cet article porte : « Le
» jugement qui ordonnera la caution, fixera la somme
» jusqu'à concurrence de laquelle elle sera fournie : le
» demandeur qui consignera cette somme ou qui justi-
» fiera que ses immeubles situés en France sont suffi-
» sans *pour en répondre*, sera dispensé de fournir cau-
» tion. » Les immeubles de l'étranger doivent donc
répondre de la somme à laquelle aura été évalué le
montant des frais. N'est-ce pas dire suffisamment que
ces biens sont hypothéqués? Comment des immeubles
peuvent-ils répondre d'une somme, si ce n'est par l'hypothèque?

Comment d'ailleurs l'étranger demandeur ne serait-il pas tenu de souffrir l'hypothèque, quand la caution qu'il fournirait serait elle-même, quoique française, obligée de supporter l'hypothèque légale qui résulte de sa seule soumission, aux termes 'de l'art. 2117, § 2, comme l'a jugé la cour de Metz, le 27 août 1817 ?

Nous pensons donc que, quand l'étranger justifie de ses propriétés immobilières, le tribunal, en reconnaissant cette justification, doit déclarer que ces propriétés sont affectées au paiement des frais et dommages-intérêts jusqu'à concurrence de la somme qu'il aura fixée conformément à l'art. 167 du Code de procédure, et qu'en vertu de ce jugement le défendeur peut prendre inscription.

36. La caution *judicatum solvi* est-elle due par l'étranger, lorsque le défendeur qu'il actionne en justice est lui-même étranger ? M. Duranton ne le pense pas. Il lui semble que l'obligation de fournir cette caution est une institution de notre droit civil qui ne doit profiter qu'au Français. Nous ne partageons pas cet avis.

Il importe de remarquer que, cette question s'étant élevée dans l'ancien droit, l'opinion que la caution était due même à l'égard d'un étranger, avait fini par prévaloir. Elle est consacrée par un arrêt du parlement de Paris, du 23 août 1751, rapporté par Papon, liv. 8, tit. 1, n° 7; elle est soutenue par Raviot (1) qui s'exprime ainsi : « Les étrangers, auxquels on doit toute » justice et protection, lorsqu'ils viennent l'implorer en

_____

(1) Sur Perrier, *quest.* 202, n° 4.

» France, n'auraient pas plus de moyens de se faire
» payer et d'exercer des contraintes l'un contre l'autre,
» qu'un Français qui aurait obtenu des adjudications
» contre eux : les jugemens rendus en France ne sont
» pas plus exécutoires dans les pays étrangers, que
» ceux qui ont été prononcés dans ces pays n'ont de
» force et d'exécution en France : ces étrangers qui
» plaident l'un contre l'autre, peuvent être sujets de
» différens états ; il n'est donc pas juste que l'un ni
» l'autre risque les frais d'une défense légitime et néces-
» saire. »

Cette jurisprudence a-t-elle été adoptée par nos nouveaux législateurs ? Il y a lieu de le croire, puisque loin
de l'abroger expressément, ils soumettent en termes
généraux, dans les art. 16 du Code civil, et 166 du
Code de procédure, l'étranger demandeur à donner caution, sans distinguer si l'action est intentée contre un
Français, ou contre un étranger.

Quant à ce que dit M. Duranton, que l'obligation de
fournir caution est une institution du droit civil, on peut
répondre que tout ce qui tient à la procédure et à l'organisation judiciaire, est nécessairement institué par le
droit civil. Mais les dispositions du Code de procédure
n'ont jamais été pour cela regardées comme inapplica-
bles aux étrangers qui plaident en France. M. Duranton
ne prétendrait pas apparemment que les formalités prescrites pour les ajournemens, par exemple, n'ont pas
besoin d'être observées, quand on assigne un étranger,
quoique ces formalités soient de l'institution du droit
civil.

Le privilége, le droit civil du Français, ne consiste

pas à pouvoir exiger de l'étranger demandeur la caution *judicatum solvi*, mais bien à pouvoir se porter lui-même demandeur, sans être tenu à aucun cautionnement. Ce n'est pas eu égard à la qualité du défendeur, mais seulement en considération de la qualité du demandeur, du peu de garantie qu'il présente, que l'obligation de fournir caution est établie.

37. Pour terminer nos observations critiques sur le premier chapitre du liv. 1er du *Cours de droit français*, nous dirons quelques mots sur une question, qui, nous devons l'espérer, sera bientôt résolue législativement.

L'étranger emprisonné en vertu de la loi du 10 septembre 1807, peut-il obtenir son élargissement après cinq ans de détention, en vertu de la loi du 15 germinal an VI? La jurisprudence incertaine sur cette question, semble, après avoir penché vers la négative, revenir à l'avis le plus favorable au prisonnier : *in dubio, pro libertate respondendum*. Si tel est en réalité le mouvement de l'opinion judiciaire, nous ne saurions qu'y applaudir; car nous pensons, contrairement à ce que dit M. Duranton (p. 106, en note), que l'art. 18 du tit. 3 de la loi du 15 germinal an VI, est applicable aux étrangers, comme aux Français.

Remarquons, en effet, les termes de cet article : « *Toute personne* légalement incarcérée pourra obtenir son élargissement..... 6° de plein droit, par le laps de 5 années consécutives de détention. » Certes, ce serait heurter une disposition aussi générale que d'en refuser l'application aux étrangers. Cette disposition est-elle d'ailleurs fondée sur quelque motif particulier aux Français? Non ; elle est fondée sur un motif de justice et d'humanité que les étrangers peuvent invoquer comme les nationaux. La contrainte par corps a pour but de mettre à l'épreuve la solvabilité du débiteur. Si le législateur fait cesser l'emprisonnement au bout de 5 ans , c'est qu'il présume alors la bonne foi du débiteur, son impossibilité de se libérer. Or , cette présomption s'applique aussi bien à l'étranger qu'au Français.

Du reste , on a la preuve que le législateur de l'an VI entendait bien que l'art. 18 précité pourrait être invoqué même par l'étranger, et que c'est sciemment qu'il employait les expressions générales que nous avons rapportées. On s'occupait alors de rétablir la contrainte par corps , que la loi du 9 mars 1793 avait abolie. Or , en même temps qu'on discutait la loi du 15 germinal , dont les titres 1 et 2 règlent en quels cas un Français est contraignable par corps, on prenait la résolution convertie en loi, le 4 floréal an VI ; qui , en établissant la contrainte personnelle contre les étrangers , renvoyait expressément, pour l'exercice de cette contrainte , à la loi générale , c'est-à-dire au tit. 3 de la loi du 15 germinal , intitulé : *Du mode d'exécution des jugemens emportant contrainte par corps ;* et , par conséquent , à l'art. 18 de ce titre qui prononce la mise en liberté après cinq ans de détention.

Quelque texte postérieur est-il venu déroger , au préjudice de l'étranger , à la généralité des termes de cet article ? Non , du moins en ce qui concerne le n° 6. La loi du 10 septembre 1807 ne contient aucune dérogation à cet égard. Cette loi ne fait que poser le principe de la contrainte par corps contre les étrangers , comme l'avait fait la loi du 4 floréal an VI , qu'elle a eu pour objet de rétablir sur des bases un peu plus larges ; elle renvoie donc nécessairement aux règles du droit commun, pour l'exercice de cette contrainte, pour le mode d'exécution : si elle ne le dit pas expressément, comme la loi de floréal, c'est que cela était inutile. Or, le droit commun, du moins en matière commerciale, est encore l'art 18 de la loi de germinal.

Quelques jurisconsultes ont voulu faire une distinction. La loi de 1807 déclare, dans son art. 1er, que tout jugement de condamnation qui interviendra au profit d'un Français contre un étranger non domicilié en France, emportera la contrainte par corps. Ils avouent que pour *le mode d'exécution de ces jugemens*, il faut se référer aux règles générales, et notamment au tit. 3 de la loi de germinal an VI. Mais la loi de 1807 autorise en outre l'arrestation provisoire de l'étranger, avant le jugement de condamnation, pourvu que la dette soit échue; et, de ce qu'elle ajoute, art. 3, que l'arrestation provisoire n'aura pas lieu ou cessera, si l'étranger donne caution, ou justifie qu'il possède sur le territoire français un établissement de commerce ou des immeubles d'une valeur suffisante pour assurer le paiement de la dette, ces jurisconsultes concluent que l'arrestation provisoire ne pourrait pas cesser par d'autres causes, et notamment par la détention de cinq ans. Mais cette opinion nous semble insoutenable. Comment supporter l'idée d'une détention provisoire qui durerait plus long-temps qu'une détention définitive ? Il nous paraît évident que, loin de restreindre les causes ordinaires d'élargissement, l'art. 3 de la loi de 1807 a eu uniquement pour objet d'en ajouter de particulières à la détention provisóire. Croit-on, par exemple, que l'arrestation provisoire pût continuer nonobstant le défaut d'alimens consignés ? Non, sans doute; et pourtant c'est la conséquence qui résulterait du système que nous combattons.

Disons donc que, soit pour la durée de la détention provisoire, soit pour celle de l'emprisonnement opéré en vertu du jugement de condamnation, il faut se reporter à la loi commune. Or, nous le répétons, la loi commune est encore l'art. 18 du tit. 3 de la loi de germinal, du moins en matière de commerce; car c'est un point sur lequel les avis sont à peu près unanimes, que cet article a été abrogé, quant aux matières civiles, par les Codes civil et de procédure.

On sait qu'une loi générale sur la contrainte par corps a été soumise aux chambres, dans les sessions de 1829, 1830 et 1831. Espérons qu'on verra bientôt cesser l'incohérence et les abus de la législation actuelle sur cette matière. On ne peut trop louer le zèle que M. Jacquinot-Pampelune a mis à solliciter cette loi.

CHAPITRE II.

DE LA PRIVATION DES DROITS CIVILS.

SECTION I.ʳᵉ

De la privation des droits civils par suite de la perte de la qualité de Français.

SOMMAIRE.

38. *Les décrets des 6 avril 1809 et 26 août 1811 nous paraissent encore en vigueur.*

39. *La naturalisation non autorisée fait - elle encourir la* mort civile *, et donne-t-elle ouverture à la succession du Français expatrié? Non.*

40. *L'incapacité de succéder, prononcée par l'art. 6 du décret du 26 août 1811, est-elle abrogée par la loi du 14 juillet 1819 ? Oui.*

41. *Observation sur le nº 183 du* Cours de droit.

42. *Nécessité d'abroger les décrets précités.*

38. Ce que nous avons à dire sur cette matière se rapporte presqu'exclusivement à ces décrets des 6 avril 1809 et 26 août 1811, dont les dispositions monstrueuses sont venues obscurcir et embarrasser une législation qui reposait sur des principes clairs et pleins d'équité.

Ces décrets sont empreints d'un tel despotisme, qu'on les croirait émanés de quelque empereur du Bas-Empire. Et la mort naturelle , la mort civile , la confiscation y

sont tellement prodiguées , qu'on ne doit pas s'étonner
des efforts qu'ont faits quelques auteurs (1) , pour prouver qu'ils n'ont aujourd'hui , et qu'ils n'auraient jamais
dû être considérés comme ayant force de loi.

Toutefois nous croyons , avec M. Duranton , n° 173,
que la jurisprudence est aujourd'hui trop bien fixée sur
la validité des décrets de l'empire , qui n'ont point été
attaqués pour cause d'inconstitutionnalité dans les dix
jours de leur publication , pour que l'illégalité des décrets
de 1809 et 1811 pût être soutenue avec quelque succès
devant les tribunaux (2).

Nous ferons observer , d'ailleurs , que l'exécution des
décrets de 1809 et 1811 se trouve rappelée dans une
ordonnance du 10 avril 1823 , et que leur force obligatoire est implicitement reconnue par deux arrêts du
conseil-d'état du 19 juin 1814 , qui , en conformité des
articles additionnels au traité de paix du 3o mai pré-
cédent , ont déclaré non avenus les jugemens et ordonnances rendus en exécution desdits décrets contre les
Français au service de l'Autriche et de la Prusse.

On ne peut donc guères douter que ces décrets ne
soient encore en vigueur, sauf les dérogations, heureusement assez nombreuses , qui résultent des dispositions
particulières de la Charte et des lois postérieures. C'est
surtout à apprécier ces dérogations que nous mettrons nos
soins , en attendant qu'une loi bienfaisante vienne effacer ,
à cet égard, les dernières traces du despotisme impérial.

_____

(1) M. Proudhon, *t. de l'usufruit*, t. 4, n° 1986 ; M. Guichard,
t. des droits civils , n° 3o7.

(2) Quelques décisions récentes nous ont fait concevoir des doutes
sur ce point.

39. L'art. 6 du décret du 26 août 1811 porte : « Tout Français naturalisé en pays étranger sans notre autorisation, encourra la perte de ses biens, qui seront confisqués. » La Charte ayant, par son article 66, aboli la confiscation, on se demande à qui, du Français dont il s'agit ou de ses héritiers, doit profiter cette abolition ? Nous n'hésitons pas à répondre que c'est au Français lui-même.

M. Duranton n'est pas de cet avis. Il prétend que le Français naturalisé à l'étranger sans autorisation est, d'après le décret de 1811, en état de *mort civile*, et que sa succession est ouverte au profit de ses héritiers.

Un tel système ne pourrait se justifier que par un texte formel. La mort civile est quelque chose de si grave, de si exhorbitant, que pour en frapper un homme, il faut y être contraint par une disposition expresse. Et pourtant, le décret de 1811 ne prononce nulle part la mort civile. Ce ne peut être que par une fâcheuse préoccupation occasionnée par le décret de 1809, que M. Duranton a vu, dans celui de 1811, l'idée de mort civile. Il nous semble cependant que la comparaison même de ces deux décrets suffit pour convaincre que la pensée de déclarer mort civilement le Français naturalisé à l'étranger sans autorisation n'est pas entrée dans l'esprit du législateur de 1811.

Il est évident, en effet, que le rédacteur du décret de 1811 avait sous les yeux celui de 1809 auquel il renvoie plusieurs fois (art. 18, 25, 27). Or, ce décret de 1809, lorsqu'il ne punit pas de la mort naturelle, prononce tout-à-la-fois, et en propres termes, la *mort civile* et la *confiscation* (art. 22, 26, 28). Si donc l'au-

teur du décret de 1811 avait entendu se montrer aussi
rigoureux que celui du décret de 1809, on ne peut
pas douter qu'il ne se fût servi des mêmes expressions.
Mais il s'agissait d'un méfait beaucoup moins grave que
celui prévu par le décret de 1809, et cela explique
pourquoi il s'est contenté de prononcer la confiscation :
c'est nécessairement qu'il ne voulait appliquer qu'une des
deux peines portées par le décret de 1809.

Mais, dit M. Duranton, d'après l'art. 9 du décret
de 1811, les droits de la femme sont réglés *comme en
cas de viduité*. Eh! sans doute. Dès qu'on prononçait la
confiscation, il fallait bien liquider les droits de la
femme, à moins de comprendre ses biens propres dans
la confiscation dont son mari était frappé. La liquidation
des reprises matrimoniales était prescrite, afin de
montrer qu'on ne rendait pas la femme passible de ce
qu'on regardait comme un crime personnel au mari. Cette
disposition de l'art. 9 ne peut donc pas plus s'exécuter,
depuis la Charte, que celle de l'art. 6 dont elle n'est
que la conséquence. Mais comment M. Duranton n'a-t-il
pas vu que cette disposition de l'art. 9 exclut précisément l'idée de mort civile ? Dire que les droits de la
femme seront liquidés *comme en cas de viduité*, c'est bien
reconnaître qu'en réalité la femme n'est pas *veuve*.
Et, en effet, le décret de 1811 ne déclare point le
mariage dissous; et si l'intention de son auteur eût été
de le déclarer, il l'eût fait par une disposition expresse
et principale, et non, pour ainsi dire, en cachette, et
par quelques mots équivoques jetés, comme accessoire,
à la suite d'une autre disposition.

Au reste, lors même que le décret de 1811 eût for-

mellement déclaré dissous le mariage du Français naturalisé à l'étranger sans autorisation, nous nous refuserions à reconnaître cet individu pour mort civilement ;
car la dissolution du mariage n'est pas le seul effet de
la mort civile, et suivant l'art. 22 du Code, il n'y a
mort-civile qu'autant qu'il y a privation de tous les droits
civils exprimés en l'art. 25.

Il est à remarquer d'ailleurs, que le système de
M. Duranton conduit à cette conséquence inadmissible
que, loin d'avoir adouci le sort du Français frappé par
les prescriptions du décret de 1811, la Charte l'aurait
empiré ; qu'elle aurait ajouté à la rigueur déjà excessive
de ce décret. En effet, en envisageant l'ensemble, en
considérant l'économie du décret de 1811, on acquiert
la conviction, et nous devons à l'auteur de ce décret
la justice de dire, que si d'après l'art. 6, la confiscation
était prononcée contre un Français coupable seulement
d'avoir usé de ce qu'il pouvait regarder comme un droit
naturel, c'était avec l'espérance qu'une peine si rigoureuse engagerait le Français expatrié à demander les
lettres de relief, qui devaient, aux termes de l'art. 12,
le faire rentrer dans sa fortune. Le gouvernement s'em-
parait de ses biens, mais avec le désir de les lui rendre,
pourvu qu'il consentît à en solliciter la restitution comme
une grâce : voilà ce qui ressort de la combinaison des
articles 6 et 12.

Or, qui ne voit que l'économie de ces dispositions
serait détruite, si on abandonnait aux héritiers les biens
que la confiscation mettait, en quelque sorte, en dépôt
entre les mains du fisc ? Les héritiers seraient-ils tenus
à restitution par suite des lettres de relief ? Cela est fort

douteux, ou du moins cela ne s'accorde guères avec les
principes ordinaires en matière de mort civile (1), avec
l'esprit de notre législation qui répugne à l'incertitude
des propriétés. Dans tous les cas, qui répondra de l'efficacité d'une action en restitution? Qui répondra de la
solvabilité des héritiers? Il faudrait donc le reconnaître,
le système de M. Duranton empirerait la position du
Français expatrié sans autorisation; il blesserait l'économie du décret de 1811, en affaiblissant une des causes
qui, dans l'esprit de son auteur, devaient porter ce
Français à solliciter la permission de rentrer en France.

Concluons donc que le Français dont il s'agit n'encourt
point la mort civile, que c'est lui-même, et non ses
héritiers, que le fisc dépouillait en s'emparant de ses
biens; que c'est à lui que préjudiciait la confiscation, et
que c'est lui par conséquent qui doit profiter de son abolition.

40. L'art. 6 du décret du 26 août 1811 ne se borne
pas à déclarer que le Français naturalisé en pays étranger encourra la confiscation, il ajoute : « Il n'aura plus
» le droit de succéder ; et toutes les successions qui
» viendront à lui échoir, passeront à celui qui est appelé
» après lui à les recueillir, pourvu qu'il soit régnicole. »
De là, la question de savoir si l'incapacité prononcée par
cette disposition est abolie par la loi du 14 juillet 1819,
qui, dérogeant à l'art. 726 du Code civil, appelle tous
les étrangers indistinctement à succéder en France.

(1) Voyez ce que dit M. Duranton, nos 197 et 240. M. Dalloz, t. 6,
p. 508, soutient, avec raison selon nous, que les lettres de relief ne
doivent point avoir d'effet rétroactif à l'égard des héritiers.

L'opinion de M. Duranton sur ce point ne pouvait pas être douteuse. Dès qu'il considérait le Français naturalisé à l'étranger comme étant en état de mort civile, il devait nécessairement décider que l'incapacité de succéder, dont le frappait l'art. 6, n'avait point été levée par la loi du 14 juillet 1819; car tout le monde convient que cette loi n'a point dérogé à l'art. 25 du Code, qu'elle ne s'applique point aux morts civilement.

Mais un auteur distingué (1), qui pense, comme nous, que la naturalisation non autorisée n'entraîne point la mort civile, n'en persiste pas moins à soutenir que la loi de 1819 n'a point relevé le Français ainsi naturalisé de l'incapacité de succéder dont il est affecté suivant l'art. 6 du décret de 1811. Il en donne pour raison que ce n'est point sa qualité d'étranger qui rend le Français, naturalisé sans autorisation, incapable de succéder; c'est sa désobéissance à une loi prohibitive dont on a voulu le punir. Or, la loi de 1819 n'a fait qu'abroger l'incapacité des étrangers.

Nous pourrions répondre, sur cette dernière proposition, que la loi du 14 juillet 1819 ne se borne pas à abroger l'art. 726 du Code, qui rendait les étrangers incapables de recueillir une succession en France, sauf le cas de réciprocité stipulée dans les traités diplomatiques; que cette loi déclare indistinctement tous les étrangers habiles à succéder en France, et que, n'en exceptant aucun, elle comprend par là dans sa disposition les ci-devant Français devenus étrangers sans l'autorisation du gouvernement. Et, comme le fait ob-

(1) M. Dalloz, vᵒ *droits civils*, t. 6, p. 514.

server M. Merlin (1), cela paraît trancher la difficulté.

Mais on peut contester à l'auteur dont nous combattons en ce moment l'opinion, ce qui est le fond même
de son raisonnement, savoir que l'incapacité dont l'article 6 précité frappe le Français qu'il a en vue, soit
autre que celle dont les étrangers en général étaient
affectés en 1811.

En effet, il faut interpréter le décret de 1811 dans
son ensemble. Or, du rapprochement des art. 6 et 3,
il résulte que, si le Français naturalisé en pays étranger
sans autorisation est déclaré incapable de succéder, c'est
par opposition au Français naturalisé avec autorisation,
lequel, suivant l'art. 3, conserve le droit de succéder,
*quand même les sujets du pays où il serait naturalisé ne
jouiraient pas de ce droit en France.* L'art. 6 ne fait que
priver le Français dont l'expatriation n'a pas été autorisée, de cette faveur, de ce privilége; il le place conséquemment dans le droit commun, et l'assimile entièrement
aux étrangers d'origine. Aussi, en attribuant la succession
à celui qui est appelé après le Français dont il s'agit, le
législateur ajoute : *pourvu qu'il soit régnicole,* ce qui
annonce le retour au droit commun.

La preuve, d'ailleurs, que l'incapacité portée par
l'art. 6 du décret de 1811 n'était que la conséquence
de la qualité d'étranger, dont le Français expatrié se
trouve investi, cette preuve est écrite dans l'art. 7, où
on lit : « Il sera constaté pardevant la cour du dernier
» domicile du prévenu, à la diligence de notre procu-

---

(1) Répertoire, v° *Français*, § 1, n° 5.

» reur-général, ou sur la requête de la partie civile inté-
» ressée, que l'individu s'étant fait naturaliser en pays
» étranger sans notre autorisation, *a perdu ses droits*
» *civils* en France, et *en conséquence*, la succession
» ouverte à son profit sera adjugée à qui de droit. »
Puisque l'incapacité de recueillir la succession ouverte
à son profit n'était, pour le Français naturalisé sans
autorisation, que la *conséquence de la perte de ses droits
civils*, cette incapacité ne doit pas subsister aujourd'hui
qu'il n'est plus nécessaire de jouir des droits civils pour
succéder en France.

41. M. Duranton avertit, n° 183, que, suivant un avis
du conseil-d'état du 14 janvier 1812, le décret du 26 août
1811 n'est pas applicable aux femmes. Nous ajouterons :
1° que les jugemens et ordonnances rendus en exécution
de ce décret et de celui de 1809 contre les Français qui
avaient pris du service en Autriche ou en Prusse, ont été,
ainsi que nous l'avons dit, n° 38, déclarés non-avenus par
deux arrêts du conseil-d'état, conformément à un article additionnel du traité du 30 mai 1814 ; 2° qu'il semble résulter d'une ordonnance, en date du 16 décembre 1814, que les dispositions rigoureuses des décrets
de 1809 et 1811 ne sont pas non plus applicables aux
militaires français que cette ordonnance concerne.

Voici, en effet, comment est conçu l'art. 1er de cette
ordonnance : « Les militaires français de tout grade qui
» ont pris du service à l'étranger, sont tenus de ren-
» trer en France avant le 15 avril prochain (1), et d'y

_____

(1) Par une ordonnance du 6 mars 1816, le délai dans lequel les
officiers français qui ont servi à l'étranger ont dû se pourvoir pour

» justifier de leur retour dans les formes prescrites ci-
» après ; faute de quoi ils perdront leur qualité de Fran-
» çais, *conformément au Code civil*, sans préjudice néan-
» moins des peines prononcées par le Code pénal, s'ils
» portaient les armes contre la France. »

Ces mots, *conformément au Code civil*, et le soin que
le rédacteur de l'ordonnance semble avoir pris de ne
point rappeler les décrets de 1809 et 1811, nous paraissent exclure l'application de ces décrets, et placer
les militaires français dont il s'agit sous l'empire du
Code.

Peut-être dira-t-on que, si l'on accorde aux décrets
de 1809 et 1811 force de loi, une simple ordonnance
n'aura pu y déroger. Mais nous répondrons d'abord
qu'une ordonnance doit être bien venue, lorsqu'elle tend
à faire retour au droit commun, et à déroger à des dispositions arbitraires et exhorbitantes ; et que d'ailleurs
le gouvernement, qui aurait le droit d'accorder l'autorisation de rester au service de l'étranger sans encourir la perte de la qualité de Français, a bien pu accorder moins, c'est - à - dire, faire seulement encourir la
déchéance de cette qualité à ceux qui sont restés au
service de l'étranger, sans les soumettre aux rigueurs
des décrets de 1809 et 1811.

42. Au reste, ces difficultés font assez ressortir la
confusion que les décrets de 1809 et 1811 ont jetée dans
notre législation civile, et la nécessité d'une loi portant,

être relevés de la déchéance, qu'ils avaient encourue conformément
à l'ordonnance du 16 décembre 1814, a été prorogé jusqu'au 1er
mars 1817.

en une ligne, leur abrogation pure et simple, et le retour aux sages principes du Code.

SECTION II.

Des manières de recouvrer·la qualité de Français,
et des effets résultant de cette qualité recouvrée.

SOMMAIRE.

43. *L'art. 21 du Code ne place pas le Français qui a pris*
du service militaire à l'étranger sans autorisation,
dans une situation pire que celle de l'étranger
d'origine.
44. *Les lettres de relief, accordées suivant l'art. 12 du*
décret de 1811, n'ont pas d'effet rétroactif.
45. *Rectification du résumé, donné par M. Duranton,*
n° 200, des diverses classes de personnes qui n'ont
pas la qualité de Français, et qui jouissent plus
ou moins de nos droits civils.

43. M. Duranton enseigne, n° 195, que le Français
qui a pris du service militaire chez l'étranger sans autorisation, est, même suivant les principes du Code civil,
dans une situation pire que celle de l'étranger d'origine :
tellement que le gouvernement ne peut pas, du moins
d'après le Code, lui accorder, durant le stage qu'il devrait subir pour recouvrer la qualité de Français, la
jouissance des droits civils qu'on accorde à l'étranger
proprement dit, en vertu de l'art. 13.

Nous prions M. Duranton de nous dire dans quel article du Code il a lu une semblable disposition. Quant à
nous, qui l'avons inutilement cherchée, nous sommes
tentés d'adresser à l'auteur un reproche qu'il n'est pas
dans l'usage de mériter, celui d'avoir admis une opinion sur la foi d'autrui, · et de l'avoir répétée sans
examen.

Certes, ce n'est pas l'art. 21 du Code qu'on pourrait
invoquer à l'appui du système reproduit par M. Duranton; car cet article dit bien plutôt le contraire. Voici ses
termes : « Le Français qui, sans autorisation du Roi,
» prendrait du service militaire chez l'étranger, etc.,
» perdra sa qualité de Français. Il ne pourra rentrer en
» France qu'avec la permission du Roi, et recouvrer la
» qualité de Français *qu'en remplissant les conditions im-*
» *posées à l'étranger pour devenir citoyen.* »

N'est-ce pas dire assez clairement que le Français
dont il s'agit est entièrement assimilé à l'étranger d'origine? Le sens de cet article n'est-il pas, d'ailleurs, déterminé par le rapprochement de l'art. 18? Voici, en
effet, ce qui résulte de la combinaison de ces articles.
En général, le Français expatrié recouvre sa qualité de
Français à l'instant même de son retour autorisé ; il n'est
assujetti à aucun stage préalable. Mais le Français qui,
sans autorisation, a pris du service militaire chez l'é-
tranger, a paru au législateur s'être placé dans une position particulièrement défavorable : il s'est exposé à porter
les armes contre la France, et cette circonstance le fait
priver de la faveur attachée à son origine ; mais voilà tout.
C'est donc seulement du privilége de redevenir Français
au moment de son retour, qu'il est dépouillé : il reste

dans les termes du droit commun, et s'il veut recouvrer
la qualité de Français, il sera soumis au stage imposé
à l'étranger en général. Voilà le véritable sens de l'article 21. Mais cet article ne dit point que le Français
dont il s'agit doive être traité plus durement que l'étranger
d'origine. Rien n'empêche donc, qu'avant de recouvrer
son ancienne qualité, ce Français ne profite, pendant
son stage, comme tout autre étranger, de la disposition de l'art. 13; rien ne s'oppose non plus à ce qu'il
recueille une succession qui lui serait échue pendant ce
stage, en vertu de la loi du 14 juillet 1819.

44. Dans les nᵒˢ 197 et 198, notre auteur attribue
aux lettres de relief accordées, suivant l'art. 12 du décret de 1811, au Français qui s'est fait naturaliser à
l'étranger sans autorisation, un effet rétroactif que nous
ne pouvons leur reconnaître. Voyez ce que nous avons
dit à ce sujet, p. 93. Nous ajouterons qu'il est difficile
de supposer que le législateur de 1811, qui sévissait
avec tant de rigueur contre les Français naturalisés en
pays étranger sans autorisation, ait voulu leur accorder
une faveur qui est refusée, par l'art. 20 du Code, à des
individus considérés bien plus favorablement, celle de
revenir sur les successions dont ils auraient été privés
par leur expatriation. Une telle faveur est trop contraire
aux principes de notre législation, et entraîne de trop
grands inconvéniens à l'égard des tiers détenteurs, pour
qu'elle soit admise sans un texte formel, qu'on ne peut
citer, car rien de semblable ne se trouve dans l'art. 12
précité; il nous semble même que cet article prête à une
interprétation toute différente, et qu'il assimile les lettres

de relief aux lettres de grâce , lesquelles bien certainement ne rétroagissent point , et n'ont d'effet que pour l'avenir.

Au reste, dans notre opinion , la question ne présente d'intérêt que pour les successions ouvertes avant la loi du 14 juillet 1819 ; cette loi ayant , suivant nous, relevé le Français naturalisé à l'étranger sans autorisation, de l'incapacité de succéder dont le frappait le décret de 1811.

45. En résumant les diverses classes de personnes qui n'ont pas la qualité de Français et qui jouissent plus ou moins de nos droits civils , nous modifierons , ainsi qu'il suit , l'énumération qu'en donne M. Duranton , n° 200 :

1° Les Français naturalisés à l'étranger avec autorisation : quoique étrangers, ils jouissaient du droit de succéder , même avant la loi de 1819, en vertu de l'article 3 du décret de 1811 ; ils peuvent redevenir Français conformément à l'art. 18 du Code.

2° Les enfans de ces Français conçus depuis l'expatriation de leur père : ces enfans conservent les mêmes droits que leur père , mais seulement ceux qui s'ouvrent jusqu'à leur 31e année accomplie.

3° Les Français qui se sont fait naturaliser ou qui ont pris du service chez l'étranger sans autorisation, et ceux qui, ayant obtenu l'autorisation de servir à l'étranger , ne sont pas rentrés sur un ordre de rappel (1) : ils

_____

(1) Voyez ce que nous disons sur l'effet d'un ordre de rappel, n° 46.

sont, suivant nous, assimilés aujourd'hui aux étrangers proprement dits, sauf qu'ils ne peuvent redevenir Français qu'en obtenant des lettres de relief, et sauf aussi l'application des dispositions des art. 11, 23 et 24 du décret de 1811.

4° Les Français qui, ayant pris du service à l'étranger, même avec autorisation, ne sont pas rentrés en France après la guerre déclarée : ils sont *morts civilement*, suivant le décret de 1809 et l'art. 25 de celui de 1811.

5° Les individus mentionnés aux art. 9, 10, 17, § 3 et 19 du Code : ils ne sont distingués des étrangers qu'en ce qu'ils obtiennent plus facilement la qualité de Français.

6° Les étrangers admis à établir leur domicile en France, et qui, conformément à l'art. 13 du Code, jouissent des droits civils tant qu'ils continuent d'y résider.

7° Enfin, les étrangers proprement dits, qui ne jouissent, en général, que des droits civils qui sont accordés chez eux aux Français, en vertu des traités diplomatiques.

CHAPITRE III.

DE LA PRIVATION DES DROITS CIVILS PAR SUITE DE CONDAMNATIONS JUDICIAIRES.

SOMMAIRE.

46. *Observation sur le n° 204 du* Cours *de M. Duranton , relativement aux art.* 26 , 28 *et* 29 *du décret du* 6 *avril* 1809.
47. *Qu'est-ce que la mort civile ? Obs. sur le n°* 213.
48. *Quand commence la mort civile , dans le cas d'une condamnation aux travaux forcés à perpétuité , ou à la déportation.*
49. *L'art.* 120 *du Code civil n'est pas applicable aux héritiers présomptifs du condamné par contumace.*
50. *Le séquestre , mis par la régie des domaines , doit cesser à l'expiration des cinq ans qui ont suivi l'exécution du jugement par contumace.*
51. *La régie doit compte des fruits.*
52. *Critique de la doctrine énoncée au n°* 230 , *relativement aux actes faits pas le contumax pendant les cinq ans. Ces actes sont valables , s'il comparaît en justice ou meurt dans cette période.*
53. *Réfutation de M. Dalloz , qui critique l'opinion émise. n°* 240 , *que la grâce fait rentrer le condamné dans la vie civile pour l'avenir.*

54. *La mort civile n'existe que dans les limites de la sou-*
veraineté où elle a été encourue.

55. *L'art. 25 du Code prouve que le mort civilement n'est*
pas seulement privé des droits civils.

56. *Observation sur le n° 248.*

57. *Dissolution du mariage résultant de la mort civile.*

58. *Le mariage du condamné par contumace est dissous à*
l'expiration des cinq ans. Réfutation de la doctrine
de M. Duranton, énoncée n°s 253 et 254.

59. *Observations sur les n°s 257, 258. Réponses à quel-*
ques objections faites par MM. Delvincourt et
Carnot.

60. *Le mort civilement peut-il faire ou recevoir des dons*
manuels? Non.

61. *Peut-il faire ou accepter la remise d'une dette ? Dis-*
tinction.

62. *Peut-il donner pour l'établissement de ses enfans? Oui.*

63. *Est-il privé de puissance paternelle? Oui.*

64. *Il peut demander des alimens à ses enfans.*

65. *Incapacité d'être témoin.*

66. *Incapacité de procéder en justice, si ce n'est par*
curateur.

67. *Effets de la mort civile relativement aux tiers.*

68. *La rente viagère constituée à titre gratuit s'éteint par*
la mort civile.

69. *Les créanciers, antérieurs à la mort civile, peuvent-ils*
exercer des poursuites sur les biens acquis posté-
rieurement par le condamné? Non.

46. La mort civile a toujours été considérée comme
la conséquence d'une autre peine, et non comme une

peine principale. C'est ainsi qu'elle est considérée par
le Code civil. Mais les monstrueuses dispositions du décret du 6 avril 1809 ont introduit une fàcheuse dérogation à ce principe, en établissant, en certains cas,
la mort civile comme peine directe et principale.

Il importe d'examiner quelles sont, parmi ces dispositions, celles qui sont encore en vigueur.

Doit-on considérer comme tels les art. 26, 28 et 29
de ce décret, concernant les Français rappelés d'un
pays avec lequel la France n'est pas en guerre? Ces
articles n'ont-ils pas été abrogés par le décret de 1811?

M. Duranton ne s'est point fait cette question, mais,
dans le n° 204, il analyse les articles précités, comme
s'ils avaient encore force de loi.

Nous croyons qu'heureusement c'est une erreur, et
que le décret de 1809 ne doit plus s'appliquer qu'en
cas de guerre déclarée entre la France et le pays au
service duquel le Français se trouve placé. Cela nous
paraît résulter de l'art. 25 du décret du 26 août 1811,
qui ne soumet aux peines portées par celui de 1809
que le Français qui, entré au service d'une puissance
étrangère, y est resté *en temps de guerre*.

Ainsi, un ordre de rappel, qui n'est que le retrait de
l'autorisation de servir à l'étranger, place seulement le
Français qui n'y obéit pas, dans la situation de celui
qui a pris du service ou qui s'est fait naturaliser sans
autorisation, mais ne le soumet pas aux dispositions
du décret de 1809, si la guerre n'a pas éclaté; il ne
doit donc plus entraîner la mort civile, mais seulement
la perte de la qualité de Français, et les conséquences
que le décret de 1811 attache au service pris à l'étranger sans autorisation.

Cette modification au décret de 1809 nous paraît également ressortir des art. 18 et 27 du décret de 1811.

47. Qu'est-ce que la mort civile? Pour répondre à cette question, il est indispensable de savoir ce que c'est que la *vie civile*. Et ici, se fait de nouveau sentir une omission que nous avons déjà reprochée à M. Duranton. Nulle part, en effet, l'honorable professeur n'explique ce qu'on doit entendre par la vie civile, et en quoi elle diffère de la jouissance des droits civils.

Cette distinction cependant est importante, car tout le monde convient, et l'art. 25 du Code force de reconnaître que l'état de mort civilement est bien différent de l'état de l'étranger qui est seulement privé des droits civils.

Qu'est-ce donc que la vie civile? C'est l'état d'un homme qui, appartenant à une nation quelconque, a droit, dans quel pays que ce soit, aux avantages dérivant de ce qu'on appelle le *droit naturel*, que les Romains appelaient plus exactement peut-être, *droit des gens*.

En effet, chez toutes les nations civilisées, il y a une partie de la législation applicable même aux étrangers, parce qu'elle est fondée sur des convenances générales de justice et de bienveillance, qui forment un droit commun entre les membres de la grande société humaine. Il y a une autre partie de la législation qui est propre aux citoyens du pays; c'est ce qu'on appelle le droit *civil* ou *de cité*.

« On ne peut, dit Richer, p. 6, jouir des droits de
» cité, sans avoir la vie civile ; mais on peut jouir de
» la vie civile sans avoir les droits de cité. Il suffit,

» pour avoir la vie civile , d'être membre de quelque
» nation. Cette qualité donne la faculté de jouir, dans
» toutes les sociétés policées , de l'effet des dispositions
» qui sont tirées du droit des gens. Ainsi, lorsque, par
» l'abdication de sa patrie , on se constitue étranger ,
» on ne fait qu'abdiquer les droits de cité , dont les
» étrangers sont exclus ; mais on conserve toujours la
» vie civile , à laquelle ils participent , ainsi que les
» régnicoles.

  » Ce n'est point , dit ailleurs le même auteur, ce
» n'est point d'une partie de la vie civile que les étran-
» gers sont privés en France : c'est de certaines pré-
» rogatives extrinsèques à la vie civile , et attachées à la
» qualité de citoyen ; c'est, si l'on veut , de quelques
» commodités de la vie ; mais ce n'est pas de la vie
» même. Tout ce qui est intrinsèque à la vie civile , tout
» ce qui la constitue, ils en jouissent aussi pleinement
» et aussi réellement que les régnicoles. »

  Ceci fera comprendre ce qu'on entend par *mort civile.*
C'est l'état d'un homme qui est privé non-seulement des
droits civils ou de cité , lesquels sont particuliers aux membres de chaque nation , mais encore de la vie civile , c'est-
à-dire des droits que chaque pays reconnaît même à un
individu d'une nation étrangère. Le mort civilement est
mis hors de toute société ; il n'a plus ni patrie , ni famille ;
il n'est plus ni Français , ni étranger. En un mot , la
loi ne lui reconnaît pas plus de droit que s'il était véritablement mort.

  Voilà l'idée qu'entraîne le mot de *mort civile* pris dans
sa rigoureuse acception. Mais , en ce sens , il n'y a pas
de mort civile véritable et absolue ; car, par cela seul

que la société a laissé au condamné l'existence physique ,
elle a dû ne pas le priver des moyens de veiller à sa
conservation , et lui laisser les droits nécessaires à
cette fin.

Ainsi , le mort civilement conserve le droit d'exercer
son industrie , de contracter à titre onéreux , d'acquérir au même titre , de posséder , de recourir à la justice des tribunaux par le ministère d'un curateur. Ces
droits étaient nécessaires au soutien de la vie physique ;
on n'aurait pu les refuser au condamné sans le pousser
au désespoir et à de nouveaux crimes.

Mais ces droits lui sont laissés par une sorte de tolérance ; ce sont des exceptions à la rigueur de son état :
en principe , il est considéré comme mort.

Ces idées ne s'accordent pas parfaitement avec celles
que M. Duranton paraît avoir de la mort civile. L'auteur
semble considérer le mort civilement comme retranché
simplement de la société dont il était membre, et privé
seulement de toute participation aux droits civils et politiques. Aussi est-il embarrassé pour expliquer comment
le condamné se trouve réduit à ceux des avantages dérivant du droit des gens qu'on a jugés indispensables à la
conservation de son existence physique : « Il semblerait ,
» dit-il , n° 243, que les seuls droits résultant des lois
» particulières au peuple qui l'a rejeté de son sein ,
» devraient lui être refusés , et non ceux qui découlent
» du droit des gens : cependant il n'en est pas ainsi. »

Sans doute, il n'en est pas ainsi ! parce que le mort
civilement perd non-seulement la qualité de membre de
la cité , et conséquemment les droits civils et politiques ,
mais encore la qualité de membre de la grande société

humaine, et les avantages dérivant du droit des gens, du moins en principe, car on lui a laissé, par une dérogation réclamée par l'humanité, ceux qui sont indispensables au soutien de l'être physique.

Nous verrons plus tard quelles conséquences on peut tirer de ces principes.

48. Nous croyons devoir critiquer l'opinion que l'auteur émet, nos 222 et 223, sur l'époque où commence la mort civile, dans le cas d'une condamnation aux travaux forcés à perpétuité, ou à la déportation.

La mort civile est encourue du moment précis de l'exécution : nous sommes d'accord sur ce point; et M. Duranton prouve très-bien que, n'étant que la suite d'une peine, la mort civile ne peut précéder cette peine.

La question se réduit donc à savoir quand commence l'exécution d'un jugement portant condamnation aux travaux forcés ou à la déportation.

« L'exécution du jugement de condamnation aux tra- » vaux forcés à perpétuité, dit l'auteur, commence par » l'exposition publique, laquelle doit précéder la déten- » tion du condamné. »

C'est, ce nous semble, une erreur. L'exposition est un acte de notification plutôt que d'exécution ; elle est destinée à faire connaître à la société celui que la peine va frapper ; mais ce n'est pas encore la peine. C'est ce qu'exprime positivement l'art. 22 du Code pénal, qui nous paraît trancher la difficulté : « Quiconque aura été » condamné à l'une des peines des travaux forcés à per- » pétuité, etc...... *avant de subir sa peine*, sera attaché » au carcan sur la place publique, etc. »

Nous croyons donc que si le condamné venait à mourir pendant l'exposition et avant la flétrissure, qui est véritablement le commencement d'exécution, il mourrait *integri statûs*.

Ce que dit M. Duranton de l'époque où commence la mort civile, dans le cas d'une condamnation à la déportation, nous semble encore moins admissible. A son avis, la mort civile devrait, dans ce cas, dater du jour de l'affiche, prescrite par l'art. 36 du Code pénal, qu'il regarde comme un commencement d'exécution.

Mais, ainsi que le fait observer M. Merlin (1), quelle raison y aurait-il de considérer comme un commencement d'exécution l'affiche d'un arrêt qui condamne à la déportation, tandis que bien certainement on ne peut considérer comme telle, ni l'affiche d'un arrêt qui condamne à mort, ni l'affiche d'un arrêt qui condamne aux travaux forcés à perpétuité ? Cette affiche n'agit en rien sur la personne du condamné ; elle se fait même à son insu ; elle ne peut donc produire aucun effet sur son état.

La condamnation à la déportation ne reçoit vraiment son exécution que par la translation du condamné hors du territoire continental. C'est ce qu'a jugé *in terminis* un arrêt de la cour de Toulouse, du 10 août 1820, rapporté par M. Merlin.

Et de là résulte cette conséquence remarquable qu'on doit regarder comme n'ayant produit aucun effet, quant à la mort civile, toutes les condamnations à la déportation qui ont été prononcées depuis que cette peine a

(1) Répertoire, v° *mort civile*, § 1, art. IV.

été établie par le Code pénal de 1791, puisqu'il n'y en a aucune qui ait été exécutée par la translation : les condamnés à cette peine ont été détenus dans différentes maisons de force ; et ils le sont aujourd'hui dans la maison centrale du Mont-Saint-Michel (Manche), qui leur a été affectée par une ordonnance du 2 avril 1817, *jusqu'à leur départ pour le lieu de leur destination définitive, qui sera ultérieurement déterminé.*

49. Pour préciser les effets des condamnations prononcées par contumace à une peine emportant mort civile, M. Duranton distingue trois périodes indiquées par la loi. Nous approuvons entièrement ce qu'il dit des deux dernières ; mais nous présenterons quelques observations sur sa doctrine relativement à la première.

Pendant les cinq ans qui suivent l'exécution du jugement par effigie, et qui forment la première période, le condamné est privé de l'exercice des droits civils ; ses biens, dit l'art. 28 du Code, sont administrés et leurs droits exercés *de même que ceux des absens.*

Ici une première difficulté se présente. Aux termes de l'art. 120 du Code civil, les héritiers présomptifs des absens ont la faculté d'obtenir l'envoi en possession provisoire, à la charge de donner caution. Il semble qu'on peut en conclure que les héritiers présomptifs du condamné par contumace peuvent, en fournissant caution, se faire envoyer en possession de ses biens. Tel n'est pourtant pas l'avis de M. Duranton, et tel n'est pas non plus le nôtre ; mais nous croyons que, pour le justifier, il est nécessaire d'entrer dans plus d'explications que n'en donne notre auteur. Il est même singulier que

M. Duranton qui pense que le séquestre apposé par l'administration des domaines sur les biens du contumax doit se prolonger jusqu'à l'expiration des cinq ans, cite, sans le critiquer et même avec approbation, un avis du conseil-d'état du 19 août 1809, qui décide que les héritiers présomptifs du condamné peuvent obtenir l'envoi en possession provisoire, en vertu des art. 28 et 120 du Code civil combinés.

L'art. 471 du Code d'instruction criminelle porte, comme l'art. 28 du Code civil, que les biens du condamné par contumace seront, à partir de l'exécution de l'arrêt, considérés et régis *comme biens d'absent*, mais il ajoute, comme pour indiquer le sens de ces mots : « Et » le compte du séquestre sera rendu à qui il appar- » tiendra, après que la condamnation sera devenue irré- » vocable par l'expiration du délai donné pour purger » la contumace. »

Or, en rapprochant cette disposition de l'art. 465, qui porte que les biens seront séquestrés pendant l'instruction de la contumace; de l'article 466, qui veut qu'extrait de l'ordonnance qui aura autorisé ce séquestre, soit envoyé au directeur des domaines; de l'art. 472, qui prescrit également l'envoi d'un extrait du jugement de condamnation au directeur des domaines ; et enfin de l'art. 475, qui dispose que « durant le séquestre, » il peut être accordé des secours à la femme, aux » enfans, au père et à la mère de l'accusé, s'ils » sont dans le besoin, et que ces secours seront » réglés par l'autorité administrative, » on acquiert, ce nous semble, la conviction que le séquestre mis par la régie des domaines sur les biens du contumax pendant l'instruction, se prolonge après le jugement de condamnation, et que conséquemment l'envoi en possession provisoire des biens n'est pas accordé aux héritiers présomptifs. Il nous paraît qu'on doit interpréter la première disposition de l'article 471 en ce sens que les biens du condamné doivent être régis par l'administration des domaines, *comme les biens vacans et sans maître*, sauf le compte à rendre.

Cette interprétation se fortifie par la considération des motifs qui ont guidé le législateur. Quel est, en effet, le but du législateur dans les divers articles que nous venons de citer ? C'est, comme le disait l'orateur du gouvernement (1), d'obliger le contumax à se représenter, en lui enlevant la jouissance de ses revenus, qui le mettrait dans le cas de perpétuer sa désobéissance à la loi. Or, on aurait manqué ce but, si, au lieu de laisser les biens entre les mains de la régie, on eût appelé la famille du contumax à les administrer.

Reste à repousser l'application de l'avis du conseil-d'état du 19 août 1809, approuvé le 20 septembre suivant. A cet égard, il suffira d'observer que cet avis, quoique postérieur à l'émission du Code d'instruction criminelle, qui date de 1808, est antérieur de deux ans à sa mise en activité, qui, suivant le décret du 17 décembre 1809, n'a eu lieu qu'au 1er janvier 1811. Cet avis a eu pour objet de mettre provisoirement en rapport le Code civil avec le Code pénal de l'an IV, sans rien préjuger sur le système qui serait admis dans les Codes qu'on préparait alors. Il est donc évident

_____

(1) M. Berlier.

qu'il ne saurait prévaloir sur l'art. 471 et les autres
dispositions du Code d'instruction criminelle, que nous
avons citées, et qui sont véritablement la loi de la
matière.

50. Mais le séquestre doit cesser à l'expiration des
cinq ans. Sur ce point, nous partageons entièrement
l'avis de M. Duranton, n° 229. En présence de la disposition finale de l'art. 476 du Code d'instruction criminelle, qui maintient formellement l'art. 30 du Code
civil, il est impossible de supposer que les législateurs
du Code d'instruction aient voulu abroger ce dernier
article. L'art. 471, qu'on oppose, n'est, comme la
première partie de l'art. 476, qu'une disposition générale, susceptible d'exception et statuant *de eo quod plé-
rumquè fit* ; il ne doit donc pas entraîner l'abrogation
de la disposition spéciale de l'art. 3o du Code civil.

51. La régie des domaines doit-elle compte des fruits ?
C'est une question intéressante que M. Duranton n'examine
pas. L'avis du conseil-d'état du 19 août 1809, rapporté par
l'auteur, n° 229, porte que l'administration des domaines
doit gérer et administrer les biens du contumax *au profit
de l'état*. Mais par cela même que l'art. 471 du Code
d'instruction criminelle déclare que les biens sont remis
à la régie à titre de *séquestre*, il suppose que le compte
qu'elle devra rendre, comprendra les fruits ; car le séquestre, qui, par sa nature, n'est qu'un dépôt, ne saurait entraîner, en faveur du dépositaire, la jouissance
des biens séquestrés. Il nous semble, au surplus, que
le *profit de l'état* serait ici une sorte de confiscation, et

qu'ainsi l'avis précité, en supposant qu'il ait survécu à la mise en activité du Code d'instruction criminelle, devrait, sur ce point, être considéré comme abrogé par l'art. 66 de la Charte.

52. M. Duranton enseigne, n° 230, que les actes faits par le contumax durant la première période, c'est-à-dire dans les cinq ans qui ont suivi l'exécution par effigie, sont nuls, encore qu'il comparaisse en justice ou meure avant l'expiration de cette période. Une pareille doctrine nous semble trop en contradiction avec les art. 29 et 31 du Code civil et 476 du Code d'instruction criminelle, pour qu'elle puisse se soutenir.

Voici l'argument dont l'auteur cherche à l'étayer. Suivant lui, ce n'est pas la condamnation qui produit l'incapacité du contumax; et, par conséquent, l'arrêt de condamnation peut être anéanti, sans que l'incapacité soit censée n'avoir jamais existé. L'interdiction de l'exercice des droits civils résulte de l'ordonnance de se représenter ou de prise de corps prescrite par l'art. 465 du Code d'instruction criminelle. Or, aux termes de l'art. 476 du même Code, la comparution du contumax, dans les cinq ans, n'annulle que le jugement de condamnation et les procédures faites *depuis l'ordonnance de prise de corps ou de se représenter;* elle laisse conséquemment subsister cette ordonnance.

Le résultat de ce raisonnement serait (comment M. Duranton ne l'a-t-il pas senti?) que les effets de la contumace devraient survivre à la comparution de l'accusé. Car, si l'ordonnance de se représenter, prescrite par l'art. 465, est maintenue, nonobstant cette compa-

rution., elle doit continuer à être exécutée , et les incapacités prononcées par cette ordonnance doivent encore
frapper l'accusé.

Une semblable conséquence avertit assez que l'interprétation donnée par l'auteur à l'art. 476 est erronée.

Quel est le sens naturel de cet article ? C'est que
la comparution ou l'arrestation du condamné détruit
toute cette procédure particulière à l'instruction par
contumace , dont l'ordonnance rendue en conformité de
l'art. 465 est le premier acte et la base. On procède à
l'égard de l'accusé *dans la forme ordinaire* , l'art. 476 le
dit en termes exprès. Il est donc clair que l'ordonnance
dont il s'agit ne subsiste plus , puisqu'elle n'existe pas
dans la forme ordinaire; et quand l'art. 476 annule les
procédures faites contre l'accusé *depuis* l'ordonnance de
se représenter , c'est comme s'il disait *depuis et y compris* cette ordonnance.

Est-il vrai, au surplus , que ce ne soit pas du jugement
de condamnation , mais de l'ordonnance de se représenter, que résulte l'incapacité dont est frappé le *condamné par contumace*, pour nous servir des expressions
du Code (art. 28 et suiv.) ? Non certainement.

D'une part, en effet , l'ordonnance dont il s'agit ne
dispose et ne peut disposer que temporairement , car on
n'ira pas jusqu'à prétendre qu'elle survivrait à un acquit-
tement, et le magistrat qui la rend ne peut et ne doit
pas prévoir que l'accusé sera condamné : cette ordonnance pourvoit à des mesures de rigueur *pendant l'instruction de la contumace*, l'art. 465 le dit assez formell-
lement. Ses effets se terminent donc au jugement,
lequel , quand il contient condamnation, produit à son

tour les effets que lui attribuent les art. 28 du Code civil
et 471 du Code d'instruction.

D'un autre côté, on doit restreindre les dispositions
pénales dans la rigueur de leurs termes. Or, l'ordonnance de se représenter porte, d'après l'art. 465, que
le contumax sera suspendu de l'exercice *des droits* DE
CITOYEN, c'est-à-dire, suivant le sens donné à ce mot
par nos lois et notamment par l'art. 7 du Code civil,
des droits *politiques*, et non pas des droits *civils*. En
admettant cette interprétation, qu'on pourra, si l'on
veut, traiter de téméraire, ce ne serait évidemment
qu'au jugement de condamnation qu'on pourrait attribuer l'effet de priver le contumax de l'exercice des droits
civils.

Qu'on ne dise pas, comme M. Duranton, que la désobéissance du contumax à la loi est un fait que sa comparution ne peut détruire pour le passé; car, dès
l'instant qu'il s'est présenté, pourvu que ce soit avant
l'expiration des cinq ans, on doit supposer qu'il n'a pas
pu, ou qu'il a eu de justes motifs de ne pas se présenter plutôt. La loi, d'ailleurs, peut très-bien oublier la
désobéissance passée, en faveur de la soumission actuelle de l'accusé. Cela explique suffisamment pourquoi
elle annulle le jugement, non-seulement pour l'avenir,
mais absolument et sans le laisser subsister pour les
effets qu'il avait produits jusques-là. Si le législateur eût
voulu conserver ces effets, il s'en serait formellement
exprimé, comme il l'a fait dans les art. 30 du Code
civil et 476, § 2 du Code d'instruction criminelle, pour
le cas où le contumax, condamné à une peine emportant
mort civile, ne se présente qu'après les cinq ans.

Faut-il répondre à l'argument tiré, par analogie, du *postliminium* des Romains ? Quand donc cessera-t-on de transporter dans notre droit les fictions du droit romain, comme si nous étions régis par la loi des Douze-Tables ? Jusques à quand faudra-t-il répéter qu'on s'expose à de continuelles méprises par cette manie routinière d'appliquer les décisions du Digeste au droit français ? Expliquons, une fois pour toutes, comment cela est inévitable.

La loi des Douze-Tables resta, à travers les vicissitudes de l'empire romain, l'objet d'un respect continuel et national ; elle demeura, malgré le changement des mœurs, la base du droit public et privé. Cependant il fallait satisfaire les besoins nouveaux qu'introduisaient incessamment les progrès de la civilisation, qui là, comme ailleurs, ne pouvait pas rester stationnaire. Pour y parvenir, sans blesser ouvertement le vieux droit, ce droit national et civil par excellence, *jus civile*, on eut recours aux subtilités : plutôt que de toucher à un texte devenu sacré, on aima mieux supposer l'existence ou la non-existence de certains faits ; plutôt, par exemple, que de réformer la disposition de la loi des Douze-Tables qui voulait que la succession appartînt exclusivement aux enfans restés dans la famille, on aima mieux supposer que ceux qui avaient été émancipés, ne l'avaient pas été. De là, cette foule de fictions introduites par les préteurs et les prudens ; fictions nécessaires pour concilier les mœurs nouvelles avec les termes de l'ancienne loi.

Qu'est-ce, entr'autres, que le *postliminium*, et quelle était son utilité ? Suivant l'ancien droit, en devenant prisonnier, on devenait esclave et l'on perdait, par consé-

quent, les droits civils, et notamment les droits de famille
et le droit de tester. Lors donc qu'un citoyen romain
était pris par l'ennemi, son testament devenait caduc
et ses droits à la succession du père de famille étaient
éteints, car les liens de famille une fois rompus, ne se
resserraient plus. Cependant on sentit qu'il serait convenable de rendre au prisonnier ses droits civils, s'il
parvenait à s'échapper, ne fût-ce que pour l'exciter à
briser ses fers. Que fit-on? On imagina une fiction qui,
en effaçant, pour ainsi dire, le temps qu'avait duré l'es-
clavage, plaçait le prisonnier de retour à l'époque, et,
par conséquent, dans l'état où il était au moment où il
était tombé au pouvoir de l'ennemi. Au moyen de cette
supposition, il n'avait jamais perdu ses droits; ses liens
de famille, le testament qu'il avait fait avant son départ,
n'avaient pas été rompus. Mais aussi le testament qu'il
avait fait pendant sa captivité était toujours non-avenu,
parce qu'en reportant le prisonnier à l'époque où cette
captivité avait commencé, on le reportait à une époque
où il était encore intestat. Pour valider ce testament,
pour échapper, à son égard, à l'application de la loi,
il aurait fallu une fiction particulière, dont la nécessité
ne se fit point sentir, sans doute parce que le prisonnier
pouvait recommencer son testament, à son retour.

Mais qu'est-ce que tout cela a de commun avec nos
institutions? Avons-nous une loi à éluder à l'aide de
suppositions? Qu'avons-nous besoin de fictions, quand
le législateur parle et décide? Que signifie le *postliminium* dans notre droit? De grâce, Messieurs, ne prenez
pas le cabinet d'un antiquaire pour un magasin de meubles modernes. Le Digeste est pour nous le musée des

antiques; ceci soit dit sans irrévérence, car personne n'admire plus que nous le langage précis et l'esprit logicien des Ulpien et des Gaius. Mais Ulpien et Gaius riraient bien des inconséquences de leurs parodistes.

Revenons au droit français, et disons-le en terminant, l'incapacité d'exercer les droits civils, établie par l'article 28 du Code civil, n'a d'autre fondement que le jugement de condamnation; et là comparution du contumax ou sa mort, survenue avant l'expiration des cinq ans, en faisant tomber de plein droit ce jugement avec tous ses effets, ne permet plus de l'invoquer contre lui, pour faire annuler le testament qu'il aurait fait, ou le mariage qu'il aurait contracté pendant son absence.

53. M. Duranton pense que le mort civilement, gracié par le Roi, recouvre la vie civile pour l'avenir. Telle est l'opinion généralement adoptée. Cependant cette opinion est critiquée par M. Dalloz, t. 6, p. 536. Mais nous n'avons rien vu, dans cet auteur, qui répondît à ce raisonnement bien simple : la mort civile est l'accessoire, la suite, le développement d'une peine principale; elle doit donc cesser avec cette peine, *cessante causâ, cessat effectus.* En vain dit-on que le Roi ne peut dispenser des formalités prescrites par la loi pour la réhabilitation des condamnés. En admettant cette doctrine, qui n'est pas sans contradicteurs (1), nous répondrons que la réhabilitation a pour objet d'effacer l'infamie attachée à la condamnation, et de rendre au condamné certains droits dont la privation était la suite de cette

(1) Voy. M. Legraverend, t. 2, p. 796.

infamie; mais la mort civile n'est point une conséquence
de l'infamie, car toutes les peines infamantes n'entraî-
nent pas la mort civile. Tout ce donc qu'on pourrait
conclure du principe qu'on nous oppose, c'est que la
grâce n'empêcherait pas le mort civilement d'être frappé
jusqu'à sa réhabilitation (1), des incapacités résultant
d'une condamnation infamante, telles que celles énon-
cées en l'art. 48 du Code pénal.

Ainsi, quoique revenu à la vie civile, le gracié serait
privé des droits politiques, conformément à l'art. 4 de
la constitution de l'an VIII; il serait incapable de tutelle
et de curatelle, si ce n'est de ses enfans et sur l'avis
seulement de sa famille. Mais il pourrait succéder, contracter mariage, etc.; il recouvrerait tous les droits autres que ceux dont la privation est la suite de l'infamie
attachée à sa candamnation, et qui doit survivre à la
peine. En un mot, il ne serait plus mort civilement;
mais il n'en serait pas moins noté d'infamie. Voilà, je
le répète, tout ce qui résulterait du principe invoqué par
M. Dalloz et consacré par l'avis du conseil-d'état qu'il
rapporte. Par l'effet de la grâce, le mort est vraiment
ressuscité; à la voix du souverain généreux qui l'a rap-
pelé du lieu de son supplice, il est sorti du tombeau;
la société ne peut plus méconnaître son existence; seu-

---

(1) Si toutefois elle est possible, car l'art. 619 du Code d'instruction criminelle accordant le droit de réhabilitation au condamné à
une peine afflictive ou infamante *qui aura subi sa peine*, M. Carnot en
a conclu qu'elle ne pourrait être sollicitée par les condamnés à des
peines perpétuelles. Mais nous sommes portés à croire que l'art. 619
n'est pas limitatif: le condamné qui a obtenu sa grâce doit, en général, mériter plus de faveur que celui qui a subi sa peine.

lement elle peut le priver de certains droits honorables, jusqu'à ce que la réhabilitation l'en ait rendu digne.

54. La mort civile suit-elle celui qui en est frappé, hors du territoire de la souveraineté où elle a été encourue? M. Duranton ne s'explique pas nettement sur cette question, voy. n° 246. Quant à nous, nous croyons devoir adopter la négative.

La mort civile est la suite d'une peine principale; c'est une peine accessoire. Le jugement d'où elle résulte ne doit pas avoir des effets plus étendus par rapport à la peine accessoire, que relativement à la peine principale. Or, les effets du jugement, relativement à cette dernière peine, expirent bien certainement sur les frontières du pays où il a été rendu : pourquoi voudrait-on qu'ils s'étendissent au-delà en ce qui concerne la peine secondaire? Comment pourrions-nous considérer comme mort civilement celui que nous refuserions de reconnaître pour condamné à la peine qui entraîne la mort civile?

On objecte que la mort civile est un état, et que l'état et la capacité des personnes s'estiment partout d'après les lois de la nation à laquelle elles appartiennent. Nous répondons que le principe n'est vrai qu'à l'égard de l'état des personnes résultant directement de lois civiles, que sous ce rapport, le droit des gens oblige chaque nation à reconnaître. Mais, que la mort civile soit un état, ce n'en est pas moins une peine ; c'est un état pénal qui est fondé sur la présomption légale que le condamné est criminel. Or, cette présomption n'existe que dans les limites de la souveraineté où le jugement a été rendu.

Il ne faut donc pas dire, avec MM. Delvincourt et Dalloz, que la qualité de mort civilement doit suivre la personne en pays étranger, comme celle de mari, de père, de majeur, etc. Car ces dernières qualités résultent directement de lois auxquelles, dans l'intérêt des relations internationales, le droit des gens a dû attribuer une force universelle, tandis que, d'une part, l'empire des lois penales est restreint au territoire de chaque nation; et que, d'un autre côté, la mort civile ne résulte pas immédiatement de la loi, mais bien d'un jugement criminel dont, nous le répétons, l'autorité ne peut s'étendre au-delà des limites du souverain au nom duquel il a été rendu.

A notre avis, il en doit être de même, quand la mort civile résulte, non d'une condamnation judiciaire, mais de la profession religieuse qui, dans plusieurs pays, entraîne privation de la vie civile, quoique la question puisse présenter plus de difficulté dans ce dernier cas. L'intérêt des relations internationales n'exige nullement qu'on reconnaisse dans un étranger les incapacités prononcées, à raison des vœux religieux, par les lois de son pays. Pourquoi donc ferions-nous violence à la raison publique, à nos principes constitutionnels, en faisant intervenir la puissance civile pour sanctionner les vœux religieux d'un étranger? Faut-il que nous soyons injustes et tyranniques envers un étranger, parce que la loi de son pays sera injuste et tyrannique envers lui? Non. Aussi ne croyons-nous pas qu'il soit aujourd'hui possible de refuser à un étranger le droit de succéder en France, à cause de la profession religieuse qui, dans son pays, le ferait réputer mort civilement; les termes généraux de la loi du 14 juillet 1819 ne permettent pas de le frapper d'une telle incapacité, car cette loi déclare les étrangers habiles à succéder DE LA MÊME MANIÈRE QUE LES FRANÇAIS, dans toute l'étendue du territoire.

55. Les principaux effets de la mort civile sont énumérés dans l'art. 25 du Code. Cette énumération, qui n'est point limitative, ainsi que le fait observer M. Duranton, justifie pleinement la différence que nous avons dit exister entre un étranger simplement privé des droits civils, et le mort civilement dépouillé même des avantages dérivant du droit des gens qui ne sont pas nécessaires au soutien de la vie physique. En effet, d'après l'article précité, la mort civile entraîne, entr'autres déchéances, la perte des biens et l'ouverture de la succession au profit des héritiers, l'incapacité de contracter mariage, la dissolution de celui qui aurait été contracté auparavant, l'incapacité de procéder en justice autrement que par le ministère d'un curateur. Or, il est évident que de pareilles conséquences ne peuvent pas résulter de la simple privation des droits civils. L'expatriation, du moins dans les principes du Code, n'entraîne point l'ouverture de la succession; et la qualité d'étranger n'a jamais été une cause de nullité du mariage, ni un empêchement à demander en personne justice aux tribunaux français.

M. Duranton examine successivement les effets de la mort civile énumérés dans l'art. 25. Nous allons le suivre dans cet examen.

56. 1° *Ouverture de la succession du condamné; nullité
de son testament.* Nous n'avons rien à critiquer dans ce
que dit l'auteur à cet égard, si ce n'est les subtilités
auxquelles il a bien inutilement recours pour expliquer,
n° 248, pourquoi le testament fait par le condamné,
soit avant sa condamnation, soit même avant le crime,
est annullé par la mort civile. La maxime *momentum
mortis momento vitæ adnumeratur*, qui peut bien n'être
pas une fiction, parce qu'elle pourrait signifier simplement qu'il n'y a que les vivans qui meurent, ce qui,
certes, n'est pas une fiction, mais une très-positive réalité, cette maxime, disons-nous, est plutôt contraire que
favorable à l'opinion de l'auteur. Car, si l'on est encore
vivant au moment de la mort, soit naturelle, soit civile,
à ce moment là, on peut encore avoir une volonté, et
l'on devrait pouvoir tester. Et si, à l'instant où il est
frappé de la mort civile, le condamné conserve encore
la capacité de transmettre à ses héritiers légitimes,
pourquoi ne conserve-t-il plus celle de transmettre à un
légataire? Pourquoi? par la raison très-simple que le
législateur l'a voulu ainsi. Que si l'on demande quels
sont les motifs qui ont guidé le législateur, nous répondrons que, sans aller jusqu'à confisquer les biens du
condamné au préjudice de sa famille, on a voulu seulement le priver de la satisfaction de laisser un héritier
de son choix.

Mais quand le législateur s'est exprimé aussi clairement qu'il l'a fait dans le § 1er de l'art. 25, à quoi bon
recourir à de prétendues fictions!

57. 2° *Dissolution du mariage.* C'est un des effets les plus déplorables de la mort civile, et qui sera sans doute effacé du Code à la première révision. Qu'on n'oblige point une femme à cohabiter avec un homme souillé de crimes et de sang; qu'on fasse d'une condamnation criminelle une cause de séparation de corps, je le conçois; l'humanité le demande. Mais proclamer concubine la femme qui, par dévouement, par principe de conscience, par conviction peut-être de l'innocence de son mari, n'aura pas voulu l'abandonner, c'est aller trop loin, c'est mépriser et proscrire de généreux sentimens.

On voit, dans les procès-verbaux du conseil-d'état, que ce ne fut pas sans une énergique opposition que la dissolution du mariage fut arrêtée comme conséquence nécessaire de la mort civile. En cette circonstance, comme en beaucoup d'autres, la rigidité de l'esprit juridique se trouva, au sein du conseil, aux prises avec le sentiment naturel. Organe habituel de ce sentiment dans les discussions qui préparèrent nos Codes, Bonaparte disait, dans la séance du 16 thermidor an IX : « La société est assez vengée par la condamnation, » lorsque le coupable est privé de ses biens, lorsqu'il » se trouve séparé de ses amis, de ses habitudes. Faut- » il étendre la peine jusqu'à la femme, et l'arracher » avec violence à une union qui identifie son existence » avec celle de son époux? Elle vous dirait : *Mieux valait* » *lui ôter la vie; du moins me serait-il permis de chérir* » *sa mémoire; mais vous ordonnez qu'il vivra, et vous ne* » *voulez pas que je le console !* Eh ! combien d'hommes » ne sont coupables qu'à cause de leurs femmes ! Qu'il

» soit donc permis à celles qui ont causé leurs malheurs,
» de les adoucir en les partageant. Si une femme satis-
» fait à ce devoir, vous estimerez sa vertu ; et pourtant
» vous ne mettez aucune différence entre elle et l'être
» infâme qui se prostitue. »

Cependant la victoire resta aux légistes. On avait
admis la fiction de la mort civile. Or, un mort ne peut
plus être époux. Voilà le raisonnement qui entraîna la
majorité, comme si le législateur qui avait institué la
mort civile, soumis à je ne sais quelle logique de fer,
ne pouvait pas en restreindre à son gré les effets ; comme
s'il n'avait pas, d'ailleurs, admis maintes dérogations à
cette prétendue inviolable fiction.

Au reste, quelque rigoureuse que soit une loi, il faut
s'y soumettre. Il est plus loyal et plus convenable d'en
reconnaître l'existence, sauf à en demander la réforme
au pouvoir législatif, que de chercher à l'éluder à l'aide
de subtilités. Or, la dissolution du mariage comme suite
de la mort civile a été admise par les auteurs du Code.
C'est ce dont on ne peut douter, soit qu'on se réfère à
la discussion du conseil-d'état, où la pensée du législateur est clairement manifestée, soit qu'on s'en tienne
aux art. 25 et 227 qui sont formels.

En vain a-t-on essayé d'argumenter de ce que l'article 25 porte que le mariage est dissous, *quant à tous
ses effets civils*, pour en conclure qu'il ne l'est pas
comme *lien*, et qu'ainsi il subsiste encore comme mariage ; comme si le lien lui-même, le lien civil s'entend, n'était pas le premier effet civil du mariage ?
Une pareille opinion est trop évidemment contraire à
l'intention du législateur pour pouvoir se soutenir, et

nous nous étonnons que ce soit à M. Toullier qu'on
doive attribuer une argumentation aussi subtile (1).

58. Cette doctrine du savant et vénérable doyen de
la faculté de Rennes est justement réfutée par M. Duranton ; mais notre auteur nous semble tomber lui-même
dans une erreur semblable à celle qu'il reproche à
M. Toullier, lorsqu'il soutient, n° 253, que dans le cas
où la condamnation a été prononcée par contumace, le
mariage n'est pas dissous à l'expiration des cinq ans.
Cette opinion n'est pas moins que celle de M. Toullier,
contraire, à la fois, au texte du Code et aux élémens
de la discussion qui l'ont préparé.

La majorité du conseil-d'état avait d'abord admis un
système, d'après lequel, même en cas de contumace,
la mort civile était encourue du moment de l'exécution
par effigie ; seulement pendant les cinq ans ce n'était
qu'une mort civile provisoire et résolue : les héritiers
n'étaient envoyés en possession des biens que provisoirement et en donnant caution ; le mariage n'était dissous
que conditionnellement, et l'époux du condamné ne
pouvait contracter un nouveau mariage *qu'après l'expiration des cinq ans.*

(1) Les art. 25 et 227 du Code civil ont-ils été virtuellement
abrogés, en ce qui concerne le mariage du mort civilement, par la
loi qui a supprimé le divorce ? Cette question a été incidemment
débattue à la chambre des pairs lors de la discussion du nouveau
Code pénal militaire. (Voyez *Moniteur*, 20 et 21 avril 1829.) Nous
adoptons pleinement la négative. Le divorce et la mort civile sont
deux modes différens de dissolution du mariage : l'art. 227 les distingue formellement. On ne peut donc pas conclure de l'abolition de
l'un la suppression de l'autre. La loi du 8 mai 1816 est toute spéciale.

Le Tribunat fit ressortir les difficultés et les contradictions de ce système. Il insista particulièrement sur
l'inconséquence qu'il y avait à défendre au conjoint de se
remarier avant l'expiration des cinq ans, si le condamné
devait être considéré comme mort civilement dès l'instant de l'exécution par effigie. Ces observations furent
reproduites au conseil-d'état, dans la séance du 6 brumaire an XI, et déterminèrent l'adoption du principe
proposé par le Tribunat, et consacré par l'art. 27 du
Code, que la mort civile n'est encourue qu'à l'expiration des cinq ans. Mais, ni dans l'un ni dans l'autre
de ces deux systèmes, on ne mit en doute la dissolution du mariage après les cinq ans. Il fut bien entendu
qu'à cette époque, la mort civile produirait tous ses
effets, de telle sorte que si le condamné se présentait
plus tard et avant les vingt ans depuis l'arrêt, il pourrait
bien rentrer dans la vie civile pour l'avenir, mais sans
que les effets produits jusque-là par la mort civile pussent être révoqués et anéantis. C'est la disposition de
l'art. 30. Ainsi le mariage est irrévocablement dissous à
l'expiration des cinq ans. C'est évidemment là l'esprit de
la loi, il est impossible d'en douter à la lecture du procès-verbal de la séance du 6 brumaire ; et c'est ce qui
résulte suffisamment de la combinaison des articles 25,
27 et 30 du Code.

M. Duranton en convient, mais il croit qu'il a été
dérogé à ces articles par la disposition de l'article 227,
qui porte, « que le mariage se dissout par la condam-
» nation, *devenue définitive*, de l'un des époux, à une
» peine emportant mort civile. » Car, dit-il, la *condamnation* à la peine emportant mort civile, ne devient *défi-

nitive que lorsque le condamné ne peut plus être pris
ni jugé ; et , suivant les art. 635 et 641 du Code d'instruction criminelle , ce n'est qu'après *vingt ans* depuis
la date de l'arrêt que la peine est prescrite , et qu'il
n'est plus permis , même au condamné , de se présenter pour purger la contumace et rentrer dans la vie civile.
Ce n'est donc qu'à cette époque que la condamnation
est véritablement définitive , et que le mariage du contumax est dissous.

Nous ne pensons pas que M. Duranton ait eu grande
confiance dans cet argument.

Si l'art. 227 offre quelque ambiguité dans les termes,
l'intention du législateur ne saurait être douteuse. Loin
de vouloir déroger par cet article aux principes posés
dans les art. 25 , 27 et 30 , il est certain que les rédacteurs du Code n'ont voulu que s'y référer. Aussi ne voit-
on dans la discussion au conseil-d'état aucune trace de
cette prétendue dérogation , et l'orateur du gouvernement, dans l'exposé des motifs du titre *du mariage*, après
avoir parlé des deux premiers modes de dissolution du
mariage énoncés dans les § 1 et 2 de l'art. 227, c'est-
à-dire de la mort naturelle et du divorce, ajoutait :
« Quant à la mort civile , on vous a déjà développé
» tout ce qu'elle opérait relativement au mariage , dans
» le projet de loi concernant *la jouissance et la privation*
» *des droits civils.* » Ceci exclut toute idée de dérogation , et explique bien clairement que la dernière disposition de l'art. 227 n'est qu'un corollaire des principes énoncés dans les art. 25, 27 et 30.

Par ces mots , *condamnation devenue définitive* , le législateur a voulu faire entendre que la condamnation par

contumace ne produirait la dissolution du mariage que
lorsque la mort civile serait encourue, c'est-à-dire à
l'expiration des cinq ans. Alors en effet, quant à la
mort civile et à ses conséquences, et notamment quant
à la dissolution du mariage, le jugement par contumace
devient *définitif*, puisque si le condamné peut encore se
représenter et se faire absoudre ou n'être condamné qu'à
une peine n'emportant pas mort civile, les art. 30 du
Code civil et 476 du Code d'instruction criminelle veulent que le premier jugement n'en conserve pas moins,
pour le passé, les effets que la mort civile a produits dans
l'intervalle écoulé depuis l'expiration des cinq ans jusqu'au jour de la comparution en justice.

Il est vrai que les rédacteurs du Code se sont exprimés
d'une manière peu exacte dans l'art. 227 ; mais cette
inexactitude subsisterait même dans le système de M. Duranton. Car, bien certainement ce n'est pas la *condamnation* qui, du moins directement et immédiatement, produit la dissolution du mariage, comme le feraient supposer
les termes de l'art. 227 judaïquement interprétés ; autrement il faudrait soutenir que le mariage, dans le cas
d'une procédure contradictoire, serait dissous aussitôt
après la prononciation de l'arrêt de condamnation, et
avant l'exécution, c'est-à-dire avant même que la mort
civile ne fût encourue, ce que personne ne s'avisera sans
doute de prétendre. C'est la mort civile qui est la cause
véritable et immédiate de la dissolution du mariage. On
aurait donc mieux fait de dire simplement, dans l'article 227, que le mariage se dissout *par la mort civile ;*
mais il est certain que, si on ne l'a pas dit en propres
termes, on n'a pas voulu dire autre chose.

Au surplus, l'opinion que nous défendons ici a été adoptée par la jurisprudence, ainsi que cela résulte d'un arrêt confirmatif de la cour de Douai, du 3 août 1819, rapporté dans le *Répertoire* de M. Merlin, au mot *mariage*, sect. 2, § 3.

59. 3° *Incapacité de contracter mariage ; 4° incapacité de recueillir une succession, et de transmettre à ce titre les biens acquis depuis la mort civile.* Nous partageons entièrement l'avis de M. Duranton sur les questions auxquelles donnent lieu ces diverses incapacités. Nous pensons comme lui, n° 257, que si le conjoint du mort civilement a été de bonne foi, le mariage doit produire ses effets, soit à l'égard de ce conjoint, soit à l'égard des enfans. Les art. 201 et 202 ne permettent pas, ce semble, d'en douter. Nous estimons aussi, comme l'auteur, n° 258, que les enfans issus du mariage ainsi contracté de bonne foi par l'un des époux, ne pourraient pas succéder aux biens acquis par le mort civilement.

M. Delvincourt (1) fait, pour soutenir l'opinion contraire, un assez singulier raisonnement. Afin de repousser l'application de l'art. 33 qui paraît trancher la difficulté: cet article, dit-il, adjuge à l'état la succession du mort civilement par droit de déshérence ; mais la question est précisément de savoir s'il y a déshérence. Le commentateur ne s'aperçoit pas qu'il met en question ce qui est décidé par le texte. L'art. 33 déclare qu'il y a déshérence, parce que, comme le dit en termes exprès l'art. 25, le mort civilement est incapable, non-seule-

(1) Note 2 de la p. 26, t. 1er.

ment de *recueillir* une succession , mais aussi de *trans-mettre* la sienne. D'où il résulte que M. Delvincourt contredit encore un texte formel, quand il soutient qu'il ne faut pas considérer la capacité du défunt, mais seulement celle de l'héritier. M. Duranton professe les vrais principes en disant que , pour la transmission des biens par voie de succession , il faut, comme l'exprime positivement l'art. 25, les deux termes habiles , capacité de transmettre et capacité de recueillir.

Un autre auteur, criminaliste distingué (1), émet l'avis que l'art. 33 du Code a été abrogé par l'art. 66 de la Charte qui détruit la confiscation. Mais les termes mêmes de l'art. 33 repoussent cette opinion. Ce n'est point par *confiscation*, mais par l'effet de la *déshérence*, que l'état est mis en possession des biens du mort civilement. C'est, au surplus , ce qui fut clairement expliqué lors de la discussion du Code. On lit dans le procès-verbal de la séance du conseil-d'état, du 4 fructidor an IX :

« M. Duchâtel demande qu'on retranche de l'article
» le mot *déshérence*, qui semble annoncer une confis-
» cation ou plutôt qui est la confiscation prononcée
» sous le simple mot de déshérence.

» M. Tronchet répond qu'on pourrait, au contraire,
» croire qu'il y a confiscation si le mot déshérence était
» retranché. Ce mot, en effet, indique la cause pour
» laquelle les biens sont dévolus à la nation ; c'est parce
» que l'état succède à tout homme qui n'a pas d'héri-
» tiers , et que le mort civilement ne peut en avoir.

» L'article est adopté. »

(1) M. Carnot, dans son ouvrage sur l'*Instruction criminelle*..

On voit que l'attribution à l'état des biens laissés par
le mort civilement a été considérée par les rédacteurs
du Code comme la conséquence des principes en matière
de succession, et non comme une confiscation. Il eût
été difficile au reste, suivant la remarque qu'en faisait
l'orateur chargé d'exprimer au corps législatif le vœu
du Tribunat (1), de supposer aux auteurs du Code l'intention d'établir une confiscation, à côté d'une disposition
qui déclare la succession du condamné, à l'instant de
la mort civile, ouverte au profit de sa famille.

60. *Incapacité de disposer et de recevoir à titre gratuit.*
Elle donne lieu à une question très-controversée. Le mort
civilement peut-il faire ou recevoir des dons manuels
d'objets mobiliers ?

M. Duranton se prononce pour l'affirmative. Nous ne
saurions partager cet avis. C'est, ce nous semble, aller
directement contre les termes et l'esprit de la loi.

D'abord les termes de la loi nous paraissent exclure
toute espèce de libéralité : « Le mort civilement ne
» peut, dit l'art. 25, ni disposer de ses biens, en
» tout ou en partie, soit par donation entre-vifs, soit
» par testament, ni recevoir à ce titre, si ce n'est pour
» cause d'alimens. » Ces expressions, *en tout ou en
partie, donation entre-vifs et testament*, le soin qu'on
prend de dire qu'il ne sera permis au mort civilement
de recevoir gratuitement que des alimens, annoncent
clairement, suivant nous, l'intention de prohiber activement et passivement toute espèce de libéralité, de
quelque manière qu'elle soit faite: Il ne nous est pas

(1) Voyez le discours remarquable de M. Gary.

possible de croire que ce soit seulement telle ou telle
forme qu'on ait voulu interdire. C'est le droit lui-même,
c'est la faculté d'exercer sa libéralité, ou d'être l'objet
de la libéralité d'autrui, que la loi a voulu enlever au
condamné. Elle n'a pas voulu qu'il pût créer ou qu'on
pût créer à son égard les rapports si doux qui se forment
entre le donateur et le donataire. Or, il nous paraît
évident que c'est contrevenir à ce vœu, que de restreindre
la défense générale de la loi aux dispositions qui sont assu-
jetties à certaines solennités. Il serait étrange que la loi eût
permis précisément les donations les plus faciles à effec-
tuer, pour ne prohiber que celles qui sont entourées de
formalités. Une pareille contradiction n'existe ni dans le
texte, ni dans l'esprit de l'art. 25. A quoi aboutirait la
prohibition de donner un immeuble, par exemple, s'il
était permis de disposer manuellement de son prix?

M. Duranton objecte que c'est priver le condamné d'un
droit naturel que de lui interdire les donations manuelles.

Nous pourrions répondre que toutes les donations,
et l'auteur est forcé lui - même d'en convenir, ont
leur origine dans le droit naturel ; et l'on ne conçoit
pas trop comment la faculté de disposer à titre gratuit
aurait cessé d'être un droit naturel par cela seul qu'elle
aurait été assujettie par la loi civile à certaines conditions et formalités, c'est-à-dire par cela seul qu'elle aurait été restreinte par la loi civile.

Mais l'objection de M. Duranton prouve, comme
nous l'avons déjà fait remarquer, qu'il s'est fait une
fausse idée de la mort civile, qu'il n'en a pas suffisamment apprécié le caractère. Nous avons démontré que
la mort civile ne consiste pas seulement dans la perte

des droits civils , mais aussi dans la privation des avantages dérivant du droit naturel , qui ne sont point nécessaires au soutien de la vie physique. Chacune des
dispositions de l'art. 25 en offre la preuve ; il nous suffira de rappeler ici celle qui déclare la succession du
condamné ouverte au profit de ses héritiers. Certes , nul
principe du droit naturel n'est plus sacré que celui qui
conserve à chacun sa propriété ; c'est là un droit bien
plus précieux que celui de disposer à titre gratuit. Et
cependant le condamné est dépouillé de ses biens. Comment supposer, après cela, que la mort civile n'est que
la simple privation des droits civils !

Peu importe donc que la faculté de faire des donations manuelles soit un droit naturel , si cette faculté
n'est pas indispensable au condamné pour se conserver l'existence. Or , suivant les expressions de Richer (1),
comme le droit de donner entre vifs (manuellement ou
par acte authentique) ne contribue en rien au soutien
de la vie animale, il ne doit point être accordé à des
gens qui, dans la règle , devraient être incapables de
toutes sortes d'actes. Quant à la faculté de recevoir à
titre gratuit, il a suffi d'autoriser le mort civilement à
recevoir des alimens.

Mais, dit M. Duranton, la loi qui interdirait au mort civilement les dons manuels serait si facilement éludée ! Pas
plus facilement que celle qui prohibe les donations manuelles au-delà de la quotité disponible. Certes, M. Duranton ne prétendra pas qu'en droit on puisse donner
manuellement au-delà de la disponibilité légale , bien

(1) *Traité de la mort civile*, p. 224.

qu'en fait, des dons manuels secrets puissent entamer la
réserve. Nous pouvons opposer à l'auteur ce que Richer
répondait à ceux qui, dans l'ancienne jurisprudence,
objectaient contre l'incapacité pour le mort civilement
de faire des donations en général, que cette incapacité
pouvait être rendue illusoire, en cachant les libéralités
sous la forme d'un contrat à titre onéreux :

« A l'égard de la fraude que les condamnés pourraient
» commettre par des ventes simulées, disait ce judi-
» cieux jurisconsulte (1), elle ne doit être ici d'aucune
» considération. Il y a bien d'autres cas où les lois ne
» peuvent empêcher la fraude, et même où elles ser-
» vent de prétexte pour la commettre. Nous en pour-
» rions citer cent exemples : mais ce n'est pas la faute
» de ces lois ; c'est le fruit de la dépravation du cœur
» et de l'esprit humain. Ainsi ces lois existent, les
» magistrats en maintiennent l'exécution, et apportent
» toute leur attention pour empêcher les fraudes dont
» nous parlons. »

La disposition de l'art. 25 se trouve garantie et sanctionnée à l'égard des dons manuels, comme le serait
l'incapacité d'un mineur, d'une femme mariée ou d'un
interdit à l'égard des meubles dont ils se seraient dé-
possédés par une cession illégale. Les parties intéressées
pourront arguer de nullité les dons manuels faits par
le mort civilement ou acceptés par lui. Sans doute,
il pourra y avoir doute et incertitude sur la question
de fait, et à cet égard les tribunaux seront libres appréciateurs des circonstances ; mais la libéralité une fois

(1) *Traité de la mort civile*, p. 224.

reconnue, les juges ne pourront, selon nous, se dispenser d'en prononcer la nullité, et d'ordonner la restitution des objets mobiliers qui en auront été l'objet.

61. Ce que nous avons dit des dons manuels, peut jusqu'à un certain point s'appliquer à la remise d'une dette. Cependant il y a une distinction importante à faire. Si la remise avait eu lieu par pure libéralité, ce serait une véritable donation ; et les termes, comme l'esprit de la loi, s'opposeraient à ce que le mort civilement fût capable de la faire ou d'en profiter. Mais il arrive souvent, particulièrement dans le commerce, que le créancier fait remise d'une partie de la dette, moins par une véritable libéralité, que pour mieux assurer le payement du surplus. C'est dans cette vue que se font en général les concordats, en cas de faillite. Nul doute, suivant nous, que le mort civilement ne puisse faire ou accepter une telle remise, parce que ce n'est pas là une donation proprement dite, puisqu'elle manque du caractère essentiel de la donation, c'est-à-dire qu'elle n'est pas faite principalement *animo donandi*. La loi qui a voulu priver le mort civilement de la satisfaction de faire ou de recevoir des libéralités n'a plus ici d'application. Il ne s'agit plus que d'un de ces actes par lesquels les hommes gèrent habituellement leurs affaires, d'une de ces transactions à l'aide desquelles se fait le commerce ; et tous les actes, toutes les transactions de cette nature sont permis au condamné.

62. Le mort civilement pourrait-il donner pour l'établissement de ses enfans ? C'est une question que M. Duranton n'examine pas d'une manière spéciale , mais qu'il déciderait affirmativement à en juger par l'ensemble de sa doctrine. Nous adoptons la même solution, quoique nos principes, en cette matière, diffèrent en plusieurs points de ceux de l'auteur.

Donner pour l'établissement de ses enfans, c'est moins exercer une libéralité , que remplir une obligation naturelle. En effet , bien que le Code, s'éloignant en cela de l'ancienne jurisprudence , ait refusé à l'enfant une action contre ses père et mère pour un établissement par mariage ou autrement (art. 204), et ne lui ait accordé que le droit de demander des alimens , il n'a point entendu que le devoir pour les parens d'établir leurs enfans cesserait d'être une obligation naturelle , il a seulement jugé qu'il y aurait danger pour la puissance paternelle à le considérer comme une obligation civile.

Or, cela suffit pour que la prohibition de l'art. 25 ne puisse être invoquée ; car, si la loi a interdit au mort civilement la faculté de faire des libéralités, elle ne lui a pas défendu de remplir ses obligations naturelles ; elle n'aurait pu le faire sans immoralité.

63. 6° *Incapacité d'être tuteur*. Le Code ne parle pas de la *puissance paternelle ;* est-ce à dire qu'elle continuerait à appartenir au mort civilement ? M. Duranton ne s'explique point à ce sujet , et nous avouons que ses principes sur la nature de la mort civile ne nous paraissent pas fixés d'une manière assez positive , pour qu'on puisse prévoir sûrement quelle serait la solution qu'il donnerait à cette question.

Quant à nous , nous n'hésitons pas à regarder le mort

civilement comme privé de la puissance paternelle, parce que d'une part, comme M. Duranton le reconnaît, l'art 25 n'est pas limitatif ; et que, de l'autre, la puissance paternelle n'est point un droit nécessaire au soutien de la vie (1). « Il est bien difficile de croire,
» dit Richer, page 257, que les lois s'entremettent
» pour conserver ce droit à un homme qu'elles ne
» connaissent plus, qu'elles ont totalement banni de la
» société, qu'elles tiennent pour mort, et en qui, par
» conséquent, elles ne connaissent plus aucun titre
» relatif. »

64. Ce passage ne doit pourtant pas être entendu d'une manière absolue, et ce n'est pas ainsi que l'entend le judicieux auteur auquel nous l'empruntons. Le condamné, tenu pour mort, ne peut pas être reconnu pour père, quand il prétend exercer les droits attachés à la paternité, à moins qu'il ne s'agisse d'un droit nécessaire au soutien de sa vie : c'est toujours la restriction sous-entendue. C'est ce que fait comprendre parfaitement la suite du passage cité, où Richer établit que les enfans du mort civilement ne sont point obligés de lui demander son consentement pour se marier. « Il s'agit d'un acte
» de respect, ajoute-t-il ; or, qu'on manque de respect
» au condamné, ou qu'on ne lui en manque pas, cela
» n'influe en rien sur sa vie. »

Il résulte de cette observation que, quoique nous regardions le mort civilement comme privé de la puis-

____

(1) C'est, d'ailleurs, ce qui nous paraît résulter des art. 373, 384 et 390 combinés.

sance paternelle, nous ne lui contestons pas le droit d'exiger des alimens de ses enfans, parce que c'est là un droit nécessaire au soutien de son existence.

65. 7° *Incapacité d'être témoin.* En matière criminelle, il peut seulement être appelé par le président pour donner de simples renseignemens. C'est une disposition que M. Carnot (sur l'art. 28 du Code pénal) critique avec raison : « Si l'on ne doit pas, dit-il, prendre une entière » confiance à la déclaration des condamnés, à quoi bon » les appeler? Si l'on doit les croire, pourquoi ne pas » exiger d'eux la garantie du serment? » Nous concevons bien qu'on ait dépouillé les condamnés du droit de servir de témoins dans un acte authentique ; mais leur interdire de déposer en justice, c'est priver les tiers et la société d'un témoignage qui peut être nécessaire, et qu'il y aurait d'autant moins d'inconvénient à admettre, que les juges, et surtout les jurés, ne sont jamais liés par les dépositions, et sont toujours libres appréciateurs du degré de confiance que mérite chaque témoin.

66. 8° *Incapacité de procéder en justice sans curateur.* Par quel tribunal sera nommé le curateur? M. Duranton répond qu'il le sera par le tribunal où l'affaire sera portée. Nous sommes du même avis. Toutefois, suivant quelques jurisconsultes, ce n'est qu'éloigner la difficulté ; car ces jurisconsultes demandent quel est le tribunal où l'affaire devra être portée ; et ils le demandent parce qu'ils prétendent qu'on ne suit pas à l'égard du mort civilement les règles ordinaires de juridiction. « Que le

» mort civilement soit demandeur ou défendeur, dit
» M. Dalloz, t. 6, p. 526, c'est le juge du domicile
» de l'adversaire qui statuera si la matière est pure-
» ment personnelle. La mort civile ôte au condamné le
» domicile qui est un droit civil, et ne lui permet qu'une
» résidence non attributive de juridiction. »

Mais il y a là une triple erreur. Le domicile est le
lieu où l'on exerce ses droits : par cela seul que le mort
civilement a encore certains droits à exercer, il peut
donc avoir un domicile. En effet, la loi a laissé au condamné la faculté d'exercer son industrie, de contracter,
d'acquérir et d'aliéner à titre onéreux ; elle lui a laissé
par conséquent la faculté de former un établissement :
or, cela suppose qu'il peut avoir un domicile, car le
domicile est au lieu où l'on a son principal établissement (art. 102).

Le domicile, d'ailleurs, n'est pas plus que la résidence, un droit civil ; c'est un fait, auquel la loi attache
à la vérité certaines conséquences, et notamment celle
de fixer la juridiction ; mais il n'y a aucune raison pour
que le fait du domicile cesse de produire, à l'égard du
mort civilement, l'effet d'attribuer aux juges du lieu la
connaissance des procès qu'on lui intente. La maxime
actor sequitur forum rei n'est point un privilége du droit
civil, établi pour les seuls nationaux ; c'est une règle
générale de procédure, dont les étrangers eux-mêmes
peuvent se prévaloir (1), et que le mort civilement peut
invoquer par cela seul qu'il a des droits à défendre, et

_____

(1) Du moins quand ils sont actionnés par des étrangers ; car l'article 14 a introduit une exception en faveur des Français.

que la loi ne contient, à son égard, d'autre dérogation aux règles ordinaires de la procédure, que la nécessité de se faire représenter par un curateur.

Enfin, quand on accorderait à M. Dalloz que le mort
civilement ne peut avoir qu'une résidence, il n'en serait
pas plus avancé, car l'art. 59 du Code de procédure
veut que, lorsque le défendeur n'a pas de domicile,
l'action soit portée devant le tribunal de sa résidence.

67. L'art. 25 statue bien sur les droits de l'époux et
des héritiers du condamné, mais il ne s'explique pas sur
l'effet de la mort civile relativement aux droits des tiers.
On ne trouve dans le Code aucune règle générale à cet
égard, mais seulement des dispositions particulières que
M. Duranton se contente de reproduire, n° 266. Cependant c'est à la doctrine à suppléer à une semblable
lacune ; c'est à elle à faire ressortir, des décisions par-
tielles et spéciales, les principes généraux dont elles
sont les conséquences, et à présenter l'ensemble du système légal dont les textes ne sont le plus souvent que
des élémens isolés.

Or, en combinant les art. 617, 625, 1053, 1865,
1982, 2003, avec l'art. 25, on voit que le législateur
suit ici la règle d'interprétation écrite dans l'art. 1156,
et l'on est amené à conclure que c'est l'intention présumée des parties qui doit fixer leurs droits. On peut
dès lors regarder comme vrais ces deux principes : 1° que
la mort civile du condamné s'identifie, à l'égard des
tiers, avec la mort naturelle, et qu'elle produit les mêmes
effets, toutes les fois qu'elle les place dans une position
semblable à celle qui résulterait pour eux de sa mort

naturelle ; 2° qu'au contraire, la mort civile ne doit point se confondre avec la mort naturelle, quand il s'agit de droits éventuels qui, par leur nature ou d'après l'intention présumée des parties, n'ont point de rapport avec l'effet que produit la mort civile du condamné d'ouvrir sa succession.

Ainsi, l'usufruit s'éteint par la mort civile, comme par la mort naturelle, parce que l'intention de celui qui l'a constitué était de faire jouir seulement l'usufruitier, et non des héritiers qui lui étaient inconnus. De même, le mandat que le condamné avait reçu, finit par sa mort civile, comme il serait fini par sa mort naturelle, parce que c'est exclusivement la personne du mandataire que le mandant avait en vue, et non celle de son héritier qu'il peut ne point connaître, et en qui il peut n'avoir pas la même confiance.

Mais la rente viagère survit à la mort civile du créancier (1982), parce que les contractans n'ont pas dû prévoir cet événement, et n'ont considéré, en traitant, que la durée présumée de l'existence physique du rentier. La rente continuera donc à être payée aux héritiers du mort civilement, qui sont investis de tous ses droits ; à moins qu'il ne s'agisse d'une pension alimentaire, auquel cas nous pensons que le paiement devrait se faire au condamné lui-même.

68. D'après ces principes, on doit décider que l'article 1982 ne s'applique qu'à la rente viagère constituée à titre onéreux, et que celle constituée par donation ou par testament s'éteint à la mort civile du rentier. En effet, une semblable libéralité est toute personnelle : le cons-

10

tituant n'a voulu avantager que le donataire ou le légataire , et non ses héritiers qu'il ne connaissait pas.
Au surplus , le titre dans lequel se trouve compris l'article 1982 (*des contrats aléatoires*) prouve, d'une part ,
que cet article n'est applicable qu'à la rente établie par
un *contrat*, et non à celle instituée par testament ; d'autre part , qu'il ne concerne que les contrats de rente
où il y a eu spéculation et chance de part et d'autre, et
non ceux de bienfaisance ; ce que fait d'ailleurs assez
entendre l'art. 1968 , qui, placé en tête du chapitre
consacré au *contrat de rente viagère*, ne s'occupe que de
la rente *constituée à titre onéreux*.

69. Les créanciers antérieurs à la mort civile peuvent-ils poursuivre l'exécution de leurs créances sur les
biens acquis postérieurement par le condamné ? M. Duranton a passé sous silence cette question , l'une des
plus intéressantes de la matière, et qui est fort controversée.

Il paraît que dans l'ancienne jurisprudence , on n'admettait pas les poursuites des créanciers sur les biens
acquis depuis la mort civile. Cette opinion s'appuyait
sur les lois romaines qui voulaient que le condamné fût
réputé mort pour les faits antérieurs à la mort civile.
Est alius homo, dit énergiquement la loi 17 , § 5 , *ad
sen. Trebell.* Richer, dont les avis sont d'autant plus précieux que cet excellent auteur a évidemment servi de
guide aux rédacteurs du Code , Richer dit , p. 250 :
« Quant aux obligations que le mort civilement aurait
» contractées avant sa condamnation, on ne peut non
» plus les exercer contre lui. Elles tombent à la charge
» de ceux à qui ses biens ont passé. »

Y a-t-il lieu de s'éloigner de cette jurisprudence? Nous ne le croyons pas. Rien n'annonce dans le Code l'intention d'y déroger, et elle nous paraît ressortir des principes généraux qui n'ont pas varié. Il y a, en effet, anomalie à priver un homme de ses biens et à le supposer encore chargé de ses dettes. La succession du condamné passe à ses héritiers activement et passivement. Par cela seul que les créanciers peuvent se pourvoir contre la succession, et même sur les biens personnels de l'héritier, s'il a accepté purement et simplement, ils nous semblent inadmissibles à se pourvoir contre le condamné. N'y aurait-il pas contradiction à poursuivre en même temps un individu et sa succession? Ne serait-ce pas réputer la même personne, dans la même question, à la fois morte et vivante? Supposez un contrat synallagmatique : comment le condamné serait-il encore soumis aux obligations passives qu'il renferme, quand il ne pourrait plus se prévaloir des obligations actives qui en étaient la condition et l'équivalent? Comment dans le cas de vente, par exemple, devrait-il encore le prix, quand il ne pourrait plus réclamer la chose? Non, il y a là répugnance et contradiction; et nous devons le reconnaître, à l'égard des obligations passives, comme à l'égard de celles actives, antérieures à la mort civile, le condamné est un étranger, *est alius homo*.

M. Dalloz, t. 6, p. 525, croit pourtant devoir faire une distinction entre le cas où la succession a été acceptée purement et simplement, et celui où elle est vacante ou acceptée bénéficiairement. Mais les principes n'admettent pas cette distinction. La question est la même

dans les deux cas ; elle est toujours de savoir si le condamné est encore tenu des dettes contractées avant la
mort civile ; et le fait d'une acceptation pure et simple
ou bénéficiaire de la part de l'héritier , n'influe en rien
sur cette question, qui doit se résoudre de même dans
l'une et l'autre hy. thèse.

TITRE II.

DES ACTES DE L'ÉTAT CIVIL.

69 *bis*. Ce titre du Code, consacré à des détails de formes, a, sans contredit, une grande importance pratique ; mais il offre d'autant moins d'intérêt au commentateur, que, d'une part, comme l'enseigne M. Duranton, n° 337, l'omission de telle ou telle formalité n'entraîne point, en cette matière, la nullité de l'acte, et que, d'un autre côté, les dispositions relatives à la célébration du mariage et aux formalités qui doivent le précéder ayant été scindées et disséminées un peu confusément dans le présent titre et dans celui *du mariage*, il a paru plus convenable aux auteurs, notamment à M. Duranton (n° 275), d'en renvoyer l'exposé complet à ce dernier titre, où elles trouvent leur place naturelle.

Deux ou trois questions seulement appellent l'attention des jurisconsultes. Adoptant, en général, les doctrines émises, à ce sujet, dans l'ouvrage que nous avons soumis à notre examen, nous nous hâtons de passer outre.

TITRE III.

DU DOMICILE.

Bien que simplifiée par la promulgation du Code, cette
matière si importante dans l'ancien droit, donne encore
lieu à quelques questions sur lesquelles les avis sont loin
d'être unanimes. Sans différer entièrement d'opinion avec
notre auteur, sur toutes ces questions, nous examine-
rons ici :

70. *Si un étranger peut avoir un domicile en France sans*
    l'autorisation du gouvernement.
71. *Si l'on peut avoir deux domiciles.*
72. *Si l'on peut n'en avoir aucun.* .
73. *Si la femme séparée de corps peut avoir un domicile*
    autre que celui de son mari.
74. *Si la signification d'un transport de créance peut être*
    faite au domicile élu par le débiteur.

70. La première de ces questions n'en semble pas
une à M. Duranton : il la suppose tranchée par l'avis
du conseil-d'état du 18 prairial an XI. L'honorable professeur ignorait-il que l'autorité réglementaire de cet
avis a été déclinée par une raison sans réplique : c'est
qu'il n'a jamais été ni inséré au *Bulletin des lois*, ni
publié légalement d'aucune autre manière ? Il y a cependant long-temps que M. Merlin en a fait l'observation (1),

(1) Répertoire, v° *domicile*, § XIII.

en expliquant, d'ailleurs, que cette énonciation de l'avis précité, que *dans tous les cas où un étranger veut s'établir en France*, *il est tenu d'obtenir la permission du gouvernement*, que cette énonciation, disons-nous, perd le sens absolu qu'on veut lui donner, quand on la rapproche de la question à laquelle elle répondait.

En effet, voici à quel sujet le conseil-d'état fut consulté. D'après l'article 3 de la constitution de l'an VIII : « L'étranger devient citoyen français lorsqu'après avoir » atteint l'âge de 21 ans accomplis, et avoir déclaré » l'intention de se fixer en France, il y a résidé pen- » dant dix années consécutives. » Cet article, comme on le voit, ne soumettait pas l'étranger à la nécessité d'obtenir une autorisation de domicile. Lors de la discussion du Code, on reconnut qu'il en résultait l'inconvénient d'ouvrir l'accès à la qualité de Français à tout étranger indistinctement. Mais comme on ne s'occupait alors que des droits civils, on se contenta de déclarer, par l'art. 13, que l'étranger qui se fixerait en France n'y jouirait des droits civils qu'autant que son établissement aurait été autorisé par le gouvernement. Rien n'était donc expressément décidé relativement à l'étranger qui veut s'établir en France pour faire le stage imposé par la constitution de l'an VIII. En conséquence, on consulta le conseil-d'état sur la question de savoir si l'autorisation de domicile nécessaire à l'étranger, d'après l'art. 13, pour obtenir la jouissance des droits civils, ne lui était pas également nécessaire pour faire le stage qui devait, suivant la constitution, lui donner le titre de citoyen et l'exercice des droits politiques. Le conseil répondit que, *dans tous les cas*, l'autorisation était néces-

saire. *Dans tous les cas*, c'est-à-dire, soit qu'il s'agisse
pour l'étranger d'acquérir les droits civils, soit qu'il
s'agisse pour lui d'acquérir les droits politiques. Cette
réponse était juste : elle résultait de l'esprit de l'art. 13;
car, si l'étranger a besoin de l'autorisation du gouvernement pour acquérir les droits civils, à plus forte raison
en a-t-il besoin pour obtenir, même après un stage, les
droits politiques qui sont bien plus importans.

Si la réponse du conseil-d'état devait être interprétée
autrement et dans un sens absolu, non-seulement le
conseil-d'état aurait statué *ultrà petita*, mais il aurait fait
dire à l'art. 13 plus qu'il ne dit ; il aurait créé arbitrai-
rement une disposition qui n'a aucun fondement dans la
loi, et qui est en opposition avec les principes du droit
des gens. Et conséquemment sa décision, qui n'a
d'ailleurs aucune autorité réglementaire faute de promulgation, serait sans valeur même comme simple
doctrine.

Dans l'ancien droit, les étrangers pouvaient s'établir
en France sans autorisation : il aurait fallu une loi pour
le leur interdire ; cette loi n'existait pas. Notre nouvelle
législation serait-elle, sur ce point, moins libérale que
l'ancienne ? Il est difficile de le croire. Et, en effet, les
dispositions qu'on invoque sont loin de contenir la prohibition qu'on croit y voir.

Ainsi, l'art. 102 porte que « le domicile de *tout Fran-*
» *çais*, quant à l'exercice des droits civils, est au lieu
» où il a son principal établissement, » mais cet article
n'est point conçu en termes limitatifs ; et s'il ne parle
que des Français, c'est que son unique objet, comme le
remarque M. Merlin, est de distinguer le domicile civil

du domicile politique , et que les Français sont les seuls auxquels cette distinction puisse s'adapter.

•Ainsi encore, l'art. 13 ne dit pas que les étrangers ne pourront s'établir en France sans autorisation ; il porte seulement que l'étranger qui aura été admis par le gouvernement à fixer son domicile en France , *y jouira de tous les droits civils*, tant qu'il continuera d'y résider ; parce qu'en effet il ne convient pas qu'un étranger puisse , par le seul fait de son établissement en France et sans l'agrément du chef de l'état , participer à la jouissance de nos droits civils.

Cet article 13 n'est qu'un corollaire ou un équivalent de cette disposition de la loi romaine : CIVES *quidem origo , manumissio , allectio , vel adoptio ,* INCOLAS *verò domicilium facit* (1); disposition pleine de sens , qui prouve que le domicile est indépendant de la jouissance des droits civils, et que, s'il ne suffit pas pour conférer les droits de cité et le titre de citoyen, il doit toujours entraîner, même à l'égard d'un étranger, les effets que lui donne le droit des gens , et notamment celui de rendre l'étranger domicilié justiciable des tribunaux français. L'attribution de la juridiction est , en effet , une conséquence naturelle et en quelque sorte nécessaire du domicile.

Remarquez , du reste , que le domicile est un *fait*, sur les conséquences légales duquel on peut disputer , mais qu'on ne saurait nier. Supposez qu'un étranger , en venant habiter la France, y a fixé le siége de ses affaires, vous ne pouvez pas dire qu'il n'y a qu'une rési-

_____

(1) L. 7. Cod. *de incolis.*

dence ; ce serait nier un fait. Dites qu'un tel domicile,
pris par l'étranger sans autorisation, ne lui donnera
point les droits civils et ne lui servira point pour acquérir la naturalisation ; dites que le droit de conserver un
domicile en France est un droit civil, en ce sens que
tant que la naturalisation n'est pas acquise à un étranger, le gouvernement peut, en vertu de la haute police
qui lui est confiée, lui intimer l'ordre de quitter le territoire, nous vous comprendrons et nous sommes prêts
à vous accorder tout cela. Mais, quand le fait du domicile de l'étranger est constant, ne le niez pas ; et si
vous êtes forcés de le reconnaître, vous ne pourrez lui
refuser certaines conséquences en quelque sorte nécessaires, comme nous l'avons dit, comme celle de rendre
l'étranger justiciable du tribunal local et de le soumettre
à l'impôt, tant que le gouvernement ne le troublera pas
dans son habitation sur le territoire.

71. Le domicile étant au lieu où l'on a son *principal*
établissement, on doit reconnaître qu'en principe on ne
peut avoir qu'un domicile : c'est ce qu'enseigne M. Duranton, n° 359. Cependant cela n'est vrai que *relativement à l'exercice des droits civils.* Ainsi, on peut avoir un
domicile politique distinct du domicile réel. On peut
aussi avoir un domicile d'élection pour l'exécution d'un
contrat (art. 111). Nous pensons qu'un négociant
peut également avoir un domicile *commercial* distinct de
son domicile *civil.* Cela arrivera lorsque l'habitation du
négociant et de sa famille sera séparée de ses magasins
et comptoirs. Alors il aura vraiment deux établissemens
principaux, l'un pour ses affaires de famille et ses rap-

ports civils, l'autre pour ses affaires commerciales. Ce n'est là, du reste, qu'une conséquence de l'art. 111; car, lorsqu'il contracte pour son commerce, un négociant est naturellement censé élire domicile dans le lieu où il a sa caisse et ses livres, dans le lieu qui est le siége de son négoce. C'est dans ce lieu qu'il doit être assigné et que doivent lui être faites les significations en matière commerciale. Aussi voit-on, par la discussion du titre *du domicile* au conseil-d'état, que l'intention des rédacteurs du Code civil fut de n'appliquer le principe de l'unité du domicile qu'aux affaires civiles. M. Boulay disait, dans la séance du 12 brumaire an x, que *le Code de commerce réglerait les principes du domicile par rapport aux affaires commerciales.* Et si le Code de commerce, où l'on peut remarquer bien d'autres lacunes, ne contient aucune disposition à cet égard, l'usage général et le bon sens y ont facilement suppléé.

72. Peut-on ne point avoir de domicile ? M. Duranton, n° 360, ne croit pas que cela soit possible. Mais c'est nier un fait. Le domicile est au lieu où l'on a son principal établissement, dit l'article 102. Il faut donc qu'on ait un établissement pour avoir un domicile. Or, M. Duranton est forcé de convenir que bien des gens n'ont aucun établissement fixe. La loi 27, § 2, ff. *ad. municip.* constate un fait, quand elle dit qu'il peut arriver qu'un individu n'ait point de domicile; par exemple, s'il a quitté le sien pour voyager sur mer ou sur terre, incertain où il portera ses pas.

L'erreur de M. Duranton vient de ce que, donnant à l'article 103 une fausse interprétation, il suppose

qu'on ne peut perdre un domicile qu'en en prenant un
autre. L'art. 103 ne s'applique qu'au *changement de domicile*, c'est-à-dire, au cas où l'on veut transporter son
domicile d'un lieu dans un autre ; il décide avec raison
que le changement ne s'opérera que par le fait d'une
habitation réelle dans un autre lieu, joint à l'intention
d'y fixer son principal établissement. Cet article n'est
point applicable au cas où un individu abandonnerait
son domicile, non pas pour en changer, mais avec l'intention de n'en plus avoir aucun.

Notre auteur, n° 356, compare le domicile à la *possession ;* et cette comparaison est très-juste, car le domicile consiste dans une sorte de possession. Or, si la
possession se conserve par la seule intention, comme
l'enseigne M. Duranton, elle se perd par le fait et l'intention réunis. Il en doit être de même du domicile.
Lorsqu'un homme quitte le pays où il vivait, avec l'intention de n'y plus revenir, comme un comédien ambu-
lant, ou tout autre gyrovague qui s'en va promener son
industrie de ville en ville, comment supposer qu'il conserve un domicile dans le lieu qu'il a abandonné sans
retour, et avec lequel il n'a conservé, peut-être, aucune
relation ? — Quel sera le domicile de l'enfant qui lui naîtra
pendant ses voyages ? — Où est celui de l'enfant de troupe ?
Sous le drapeau, répond M. Duranton. Nous en demandons bien pardon à l'honorable professeur, mais ce n'est
là qu'une subtilité. Le drapeau n'est point un domicile,
et l'enfant de troupe n'a pas plus de domicile que le
régiment à la suite duquel il marche ; il n'a jamais que
des résidences.

C'est donc avec raison que l'art. 59 du Code de procédure prévoit le cas où le défendeur *n'a pas de domicile*, et veut qu'alors il puisse être assigné devant le tribunal de sa résidence. C'est en vain que M. Duranton accuse cette expression d'inexactitude, et prétend qu'elle est expliquée et rectifiée par l'art. 69 du même Code, qui dit : « Ceux qui n'ont aucun domicile *connu*, etc. » L'art. 69 ne fait qu'appliquer la maxime *error communis facit jus*, en assimilant au cas prévu par l'art. 59, où un individu n'a pas domicile, celui où le domicile qu'il aurait, serait inconnu.

73. La femme séparée de corps peut-elle avoir un autre domicile que celui de son mari? On s'étonne qu'on en ait fait une question. L'affirmative ne paraît point douteuse à M. Duranton, n° 365 ; nous partageons sa manière de voir. Toutefois l'autorité de M. Merlin a suffi pour jeter l'incertitude dans quelques esprits. Ce célèbre jurisconsulte (1) prétend que la question était controversée dans l'ancien droit, et que les législateurs du Code, en ne s'expliquant pas expressément sur cette difficulté, ont laissé aux termes, *femme mariée*, de l'article 108, une généralité qui ne permet pas de faire exception à l'égard de la femme séparée de corps. Il ajoute que le Code n'a considéré l'habitation particulière que la femme pourrait se choisir après la séparation de corps, que comme une simple résidence, parce qu'il ne voit dans la séparation des époux qu'un état provisoire.

D'abord, quant à la controverse qui aurait existé dans l'ancien droit, nous croyons que M. Merlin se l'est beau-

(1) Répertoire, v° *domicile*, § v.

coup exagérée. L'avis du président de Lamoignon, cité comme preuve de cette controverse, est isolé. L'opinion générale, du temps de Pothier au moins, ne paraissait point incertaine; aussi cet excellent auteur énonce-t-il comme une proposition incontestable que « la femme » séparée de corps a le droit de s'établir où elle voudra, » dans un autre *domicile* que celui de son mari (1). »

Les principes ont-ils été modifiés, à cet égard, par le Code? Nullement. C'est ce que faisait observer l'orateur du gouvernement, dans l'exposé des motifs du titre *du domicile* : « L'ancien droit, disait M. Emmery, fondé » sur la nature même des choses, doit subsister et sub- » sistera par rapport *aux femmes mariées*, aux mineurs » non émancipés et aux majeurs interdits. » Le premier effet de la séparation de corps est toujours de donner à la femme le droit de former un établissement séparé de celui de son mari, et, par conséquent, d'avoir un domicile distinct; car l'art. 102 veut que le domicile de chacun soit là où est son principal établissement.

La séparation de corps est, pour les époux, un état exceptionnel, qu'on n'avait point en vue dans l'art. 108, lequel considère la *femme mariée*, dans l'état ordinaire du mariage, comme le déclarait expressément M. Mouricault, dans son rapport au Tribunat : « Quant à la » femme mariée, disait-il, que le devoir tient auprès » de son mari, qui n'en peut être légitimement éloignée » que par *la séparation de corps*, le divorce ou la mort; » qui peut être forcée de retourner à lui quand elle le

(1) *Traité du cont. de mariage*, n° 522. Voyez aussi Denisart, v° *domicile*, § 2.

» délaisse ; qui ne peut, en conséquence, avoir de ré-
» sidence distincte que par l'effet d'une espèce de délit
» de sa part, ou d'une tolérance momentanée de la part
» de son mari, la femme mariée, disons-nous, n'a pas
» d'autre domicile légal que le domicile marital. »

S'il n'y a point, dans le Code, de disposition spéciale sur le domicile de la femme séparée de corps, il
peut se faire que ce soit, comme le dit M. Merlin,
parce qu'au moment où l'on rédigeait le titre *du domicile*, il était incertain si on rétablirait la séparation de
corps ; mais nous croyons que cela vient aussi de ce
qu'une telle disposition eût été superflue. La séparation
de corps et de biens entraîne, par elle-même, la faculté
d'avoir un domicile séparé. Par cela seul qu'on autorisait la femme, dans certains cas prévus, à quitter son
mari et à s'établir ailleurs, on l'autorisait suffisamment
à avoir un domicile particulier.

Quant à ce que dit M. Merlin, que la séparation de
corps n'est qu'un état provisoire, cela n'est pas très-
exact. Le droit que la sentence de séparation donne à
la femme de vivre loin de son mari, est un droit absolu
et complet, bien que la femme y puisse renoncer comme
à tout autre droit d'intérêt privé. La femme séparée peut
donc se choisir, hors du domicile marital, non pas seulement une résidence passagère et provisoire, mais une
habitation fixe, un véritable établissement, en un mot,
un domicile. Et c'est ce qui arrive ordinairement ; car il
est rare que les époux conservent l'intention de se réu-
nir, au moment même où ils se séparent. S'ils se rap-
prochent, ce n'est que lorsque le temps et l'absence ont
calmé les griefs, produit chez l'un le repentir, chez l'autre

l'indulgence, et réveillé des affections qu'on croyait éteintes ; mais, à l'instant de leur séparation, ils sont habituellement disposés à la regarder comme éternelle.

74. La signification d'un transport de créance peut-elle être faite au domicile élu par le débiteur ? La négative est enseignée par M. Duranton, n° 380, sur le motif que le transport n'est point relatif à l'*exécution* du contrat. L'auteur paraît avoir reproduit l'opinion émise par la cour de Bruxelles, dans un arrêt du 30 novembre 1809 (1). Nous ne saurions approuver cette doctrine : le raisonnement qui lui sert de base nous semble vicieux sous deux rapports.

D'une part, en effet, pour qu'une signification soit valablement faite au domicile élu, il n'est pas nécessaire qu'il s'agisse précisément d'*exécution ;* il suffit, aux termes de l'art. 111 , que la signification soit *relative à l'acte* contenant l'élection de domicile. Or, la signification du transport est bien certainement relative à l'acte.

D'un autre côté, la signification du transport se réfère à l'*exécution* même du contrat, car elle désigne au débiteur la personne entre les mains de laquelle il doit se libérer : c'est une sommation de ne plus exécuter l'obligation que dans les mains du cessionnaire.

Nous croyons donc, avec M. Merlin (2), que la cession peut être valablement signifiée au domicile élu dans le contrat.

(1) Sirey, t. 10, 2 , p. 247.
(2) *Répert.* v° *domicile élu,* § 2, n° 8.

TITRE IV.

DES ABSENS.

SOMMAIRE.

11

84. *La possession des biens accordée aux héritiers présomptifs de l'absent, est un droit distinct du droit héréditaire. Les envoyés en possession n'étant pas héritiers, mais dépositaires, ne sont point tenus personnellement des dettes de l'absent.*

85. *Réfutation de la doctrine de M. Proudhon, qui prétend que les envoyés en possession ne sont dépositaires qu'à l'égard de l'absent, et non vis-à-vis des tiers.*

86. *M. Duranton est infidèle au principe de la présomption de mort, quand il soutient que la minorité de l'envoyé en possession n'interromprait pas la prescription à l'égard des tiers.*

87. *Les envoyés en possession provisoire ont-ils besoin de se faire autoriser pour intenter une action immobilière ? Non.*

88. *C'est à partir de la disparition ou des dernières nouvelles, que doivent se compter les 30 ans d'absence, après lesquels, suivant l'art. 127, les envoyés en possession provisoire ont droit de retenir la totalité des fruits.*

89. *Lorsqu'un parent plus proche réclame l'envoi en possession obtenu par un autre plus éloigné, peut-il demander tout ou partie des fruits perçus ? Nous pensons qu'il peut seulement demander la portion des fruits réservée à l'absent.*

90. *Impossibilité de concilier l'art. 124 du Code avec la présomption de mort de l'absent. Embarras de M. Duranton.*

91. *Cet article 124 se concilie parfaitement avec le principe de l'incertitude sur la vie ou la mort de l'absent.*

92. *Griefs présentés par les auteurs contre l'art. 124.*

106. *Les aliénations faites par l'héritier apparent doivent-elles être maintenues quand le vendeur et l'acheteur ont été de bonne foi?*

107. *Les mesures prescrites pour la surveillance des enfans mineurs de l'absent, par le chap. 4 de la loi sur l'absence, sont temporaires et n'ont d'effet que jusqu'à la déclaration d'absence.*

108 *et* 109. *Questions relatives à la législation spéciale concernant les militaires absens.*

75. Le défaut qui se fait principalement remarquer dans la partie de l'ouvrage de M. Duranton relative à l'absence, c'est l'incohérence des idées, c'est un manque de logique qui provient de ce que l'auteur, s'abandonnant à une similitude superficielle, est parti d'un faux principe, et a confondu l'envoi en possession, accordé aux héritiers présomptifs d'un absent, avec l'ouverture d'une succession.

C'est donc à rechercher et à poser les principes généraux de la matière que nous devons d'abord nous attacher.

76. L'absence se divise en trois périodes : l'absence *présumée ;* l'absence *déclarée ;* et ce qu'on peut appeler, avec M. de Moly (1), l'absence *définitive*, c'est-à-dire l'époque où l'envoi en possession définitif peut être demandé par les héritiers présomptifs (art. 129). Cette division est profondément tracée dans le Code, non pas, à la vérité, par l'ordre des dispositions et l'intitulé des différens chapitres dont se compose le titre *des absens*,

_____

(1) *Traité des absens*, n° 25.

mais par les dispositions mêmes de la loi, et par la
diversité des effets qui sont attribués à l'absence, pendant chacune de ces périodes.

M. Duranton s'empresse de reconnaître cette division
essentielle, n° 386; et cependant la doctrine qu'il émet
ensuite sur les principes de l'absence ne semble pas pouvoir se concilier avec elle.

77. Suivant l'honorable professeur, l'absent est présumé vivant pendant la première période ; mais il est
présumé mort à partir de la déclaration d'absence. Et
cela met notre auteur dans l'embarras quand il s'agit
de motiver la différence qui existe entre les effets de
l'absence pendant la seconde période, et ceux qu'elle
produit pendant la troisième. Aussi, après avoir dit,
n° 434, que, l'absence une fois déclarée, « la loi
considère l'absent *comme décédé*, et dispose en conséquence à son égard. » il enseigne, n° 500, que « lorsque
l'absence a duré 30 ans depuis l'envoi provisoire, ou
lorsqu'il s'est écoulé 100 ans depuis la naissance de l'absent, la présomption qu'il a payé le tribut à la nature
a acquis une telle gravité, que la loi règle cette situation *comme si le décès était prouvé.* » Ce qui implique évidemment contradiction.

M. Duranton n'est pas entièrement exempt de cette
tendance scolastisque à multiplier les fictions, que l'étude
du droit romain avait donnée à nos anciens jurisconsultes, et qui est, aujourd'hui surtout, un véritable ana-
chronisme : nous l'avons déjà dit (1), et nous trouvons
ici un nouveau sujet d'en faire l'observation.

_____

(1) Voyez p. 119 et 126.

Nulle part le Code ne recourt à l'inutile et dangereuse fiction de la vie ou de la mort de l'absent ; et nous verrons bientôt que la présomption de mort, après la déclaration d'absence, est incompatible avec la plupart des dispositions du titre qui nous occupe.

Consultons d'abord les lumières que nous donnent sur l'esprit général de la loi, la discussion au conseil-d'état, et l'exposé des motifs par l'orateur du gouvernement.

Dans la séance du conseil-d'état du 16 fructidor an IX, il se manifesta quelque hésitation sur les diverses mesures qu'il convenait de prendre, en cas d'absence d'un individu. Cela ne doit pas étonner : il s'agissait d'une matière neuve, d'une théorie tout entière à créer, car le droit romain n'offrait aucune ressource sur ce point, et la jurisprudence française présentait trop d'incohérence et de confusion.

Le ministre de la justice donna lecture de quelques articles du Code prussien, desquels il résultait qu'en Prusse, après une année d'absence, on nomme un tuteur à l'absent pour veiller à la conservation de ses biens ; qu'après dix ans d'absence, on peut requérir la sentence de *déclaration de mort*, dont l'effet est de faire passer les biens à ceux à qui ils appartiennent d'après la loi sur les successions, de telle sorte que, si l'absent se représente dans les trente ans après la déclaration de mort, il peut redemander son bien, mais en tant seulement que le bien lui-même, ou le prix qu'on en aurait reçu, existerait encore ; et que, s'il ne reparaît qu'après trente ans depuis cette déclaration, il ne peut demander au possesseur des biens que des alimens.

Ce système ne fut point appuyé. Il fut victorieuse-
ment combattu par Tronchet. A cette occasion, ce digne
jurisconsulte, celui des membres du conseil-d'état qui
a apporté peut-être le plus de science et de jugement
dans les délibérations qui ont préparé la confection du
Code civil, exposa une théorie sur l'absence, qu'il n'est
pas sans intérêt de rapporter, car on verra qu'elle contient en germe l'ensemble des dispositions du Code sur
la matière.

« *Un principe est plus naturel et plus simple*, dit-il,
» *c'est de regarder la vie et la mort de l'absent comme éga-*
» *lement incertaines.* Tout demandeur doit prouver : or,
» l'héritier de l'absent, ou veut lui succéder, ou veut
» lui faire succéder ; dans le premier cas, il est tenu
» de prouver que l'absent est mort (1) ; dans le second,
» qu'il vit (2) : dans les deux, il est exclu jusqu'à ce qu'il
» ait fait cette preuve. Cependant, comme il est néces-
» saire de régler le sort des biens qui sont là, et qui
» forment le patrimoine actuel de l'absent, il faut ou
» les déclarer vacans, ou les mettre sous le séquestre.
» Il est utile à l'absent que le séquestre de ses biens
» soit déféré à ceux qui ont le plus d'intérêt à les con-
» server : c'est pourquoi, après un certain temps, on
» accorde l'envoi en possession à ses héritiers (3). Comme
» néanmoins l'absent peut avoir négligé de donner de
» ses nouvelles, et que cette négligence, ainsi que le
» séquestre, ne doivent pas tourner à sa ruine, on ne
» laissait autrefois que les fruits aux héritiers, et l'on

(1) Voilà le principe de l'art. 130.
(2) C'est le principe consacré par les art. 135 et 136.
(3) Art. 120.

» exigeait d'eux une caution pour toutes les restitutions
» qu'ils auraient à faire si l'absent reparaissait.

   » Cette jurisprudence avait l'inconvénient de faire les
» héritiers administrateurs indéfiniment et pour toujours.
» On y a pourvu, surtout à Paris, en leur accordant,
» après un temps, l'envoi en possession définitif. Cepen-
» dant l'absent n'était pas privé irrévocablement de ses
» biens ; les héritiers ne possédant que comme déposi-
» taires, ils ne pouvaient changer le titre de leur pos-
» session, et devenir propriétaires; d'un autre côté,
» leur possession n'étant fondée que sur la présomption
» de la mort de l'absent (1), et toute présomption cédant
» aux preuves, les droits des héritiers cessaient néces-
» sairement quand l'absent se représentait. Aussi tous
» les auteurs s'accordent-ils à dire que les effets de
» l'envoi en possession définitif sont de décharger la cau-
» tion fournie par les héritiers, d'autoriser ceux-ci à
» vendre les biens ; mais qu'ils ne les dispensent pas
» de rendre à l'absent son patrimoine, si l'absent repa-
» raît. Les tribunaux demandent que la possession des
» héritiers ne soit pas irrévocable, même après cent
» ans (2).

   » Les héritiers n'acquièrent pas d'abord, puisqu'ils
» ne peuvent prouver que la succession est ouverte ;
» mais ils acquièrent ensuite par la prescription. Cette
» voie leur est ouverte, attendu que leur possession est
» fondée sur un titre légal (3).

----

   (1) Remarquez qu'il s'agit *ici* de la possession par suite de l'envoi
définitif.
   (2) Art. 132.
   (3) Nous expliquerons plus tard l'art. 133.

» La section ne s'est écartée de la jurisprudence
» ancienne, beaucoup plus simple et plus naturelle que
» le Code prussien, que par rapport aux effets de l'envoi
» définitif. En modifiant son système par les amende-
» mens du premier consul (1) et du consul Cambacé-
» rès (2), on le rendra parfaitement exact. »

Voilà, il faut le reconnaître, les idées génératrices
des règles écrites dans le Code. Or, l'on voit que le principe qui domine cette théorie, c'est que *la vie et la mort
de l'absent sont également incertaines*. Sans doute l'incertitude augmente à mesure que les années se succèdent;
et nous conviendrons qu'à l'époque où l'envoi en possession définitif est autorisé, c'est-à-dire pendant la
troisième période, la présomption de mort prédomine;
mais, alors même, ce n'est qu'une présomption humaine,
une probabilité qui a pu influer sur les mesures prescrites par le législateur, quoiqu'elle n'ait pas reçu le
caractère d'une véritable présomption légale; car, d'une
part, le mariage de l'absent n'est point encore dissous (3);
d'un autre côté, la succession n'est point déclarée ouverte (4), et si les envoyés en possession définitive ont
la disposition des biens (5), nous prouverons qu'ils n'en
ont pas la propriété, même résoluble.

(1 et 2) Le premier consul avait demandé qu'on donnât la plus
grande publicité au jugement de déclaration d'absence, ce qui a
donné lieu à l'art. 118. Le consul Cambacérès avait demandé qu'on
autorisât l'envoi en possession provisoire avant le délai ordinaire,
quand il y aurait urgence. Cette proposition a donné naissance à la
distinction de l'absence présumée et de l'absence déclarée, et aux
mesures prescrites par les art. 112 et suivans.

(3) Art. 139.
(4) Art. 129 et 130 comparés.
(5) Art. 132.

Au reste, le lumineux exposé des motifs fait au Corps-
Législatif par M. Bigot-Préameneu, a si bien exprimé
l'esprit général de la loi sur l'absence, que nous compre-
nons difficilement qu'il puisse rester des doutes sur les
principes qui lui servent de base. Écoutons !

« Lorsque l'absence, sans nouvelles, s'est présentée
» pendant un certain temps, on en a tiré, dans les
» usages des différens pays, diverses conséquences.

» Dans les uns, et c'est le plus grand nombre, on
» a pris pour règle que toute personne absente et dont
» la mort n'est pas constatée, doit être présumée vivre
» jusqu'à cent ans, c'est-à-dire jusqu'au terme le plus
» reculé de la vie ordinaire ; mais qu'alors même un
» autre mariage ne peut être contracté.

» Dans d'autres pays, on a pensé que, relativement
» à la possession, et même à la propriété des biens
» de l'absent, il devait être présumé mort avant l'âge
» de cent ans, et que le mariage était le seul lien qui
» dût être regardé comme indissoluble avant l'expi-
» ration d'un siècle écoulé depuis la naissance de l'époux
» absent.

» D'autres enfin ont distingué entre les absens qui
» étaient en voyage et ceux qui auraient disparu subi-
» tement : dans ce dernier cas, on présumait plus faci-
» lement leur décès ; après un certain temps, on les
» réputait morts du jour qu'ils avaient disparu ; et ce
» temps était moins long lorsqu'on savait qu'ils avaient
» couru quelque danger.

» *Ces diverses opinions manquent d'une base solide*, et
» elles ont conduit à des conséquences que l'on aura
» occasion de faire observer.

» Il a paru préférable de partir d'idées simples et
» qui ne puissent pas être contestées.

» Lorsqu'un long temps ne s'est pas encore écoulé
» depuis que l'individu s'est éloigné de son domicile,
» la présomption de mort ne peut résulter de cette
» absence : il doit être regardé comme vivant.

» Mais si pendant un certain nombre d'années, on
» n'a point de ses nouvelles, on considère alors que les
» rapports de famille, d'amitié, d'affaires, sont telle-
» ment dans le cœur et dans l'habitude des hommes,
» que leur interruption absolue doit avoir des causes
» extraordinaires, causes parmi lesquelles se place le
» tribut même rendu à la nature.

» Alors s'élèvent deux présomptions contraires ; l'une
» de la mort par le défaut de nouvelles, l'autre de la
» vie par son cours ordinaire. *La conséquence juste de*
» *deux présomptions contraires est l'état d'incertitude.*

» Les années qui s'écoulent ensuite rendent plus forte
» la présomption de la mort ; *mais il n'en est pas moins*
» *vrai qu'elle est toujours plus ou moins balancée par la*
« *présomption de la vie ;* et si, à l'expiration de certaines
» périodes, il est nécessaire de prendre des mesures
» nouvelles, elles doivent être calculées *d'après les dif-*
» *férens degrés d'incertitude, et non pas exclusivement sur*
» *l'une ou l'autre des présomptions de vie ou de mort :* ce
» qui conduit à des résultats très-différens. »

Telle est bien la pensée du législateur ; et, pour
porter la conviction jusqu'à l'évidence, il ne reste
qu'à rappeler ici quelques-unes des principales dispositions du Code, au titre *des absens.* Comment,
en effet, concilier la présomption de mort, qui, suivant

M. Duranton, deviendrait, à partir de la déclaration
d'absence, le principe régulateur de la loi, avec l'art.
124 qui donne à l'époux commun en biens la faculté
d'opter pour la continuation de la communauté et
d'empêcher ainsi l'envoi de l'héritier présomptif en
possession des biens de l'absent et l'exercice provisoire des droits subordonnés à la condition du
décès de celui-ci ? Cette prétendue présomption de
mort n'est-elle pas également incompatible avec la disposition de l'art. 125 qui déclare que les envoyés en
possession provisoire ne sont que *dépositaires ;* avec
l'interdiction d'aliéner et d'hypothéquer résultant de
l'art. 128 ; avec la plupart des mesures prescrites par
l'art. 126 ; et enfin avec l'art. 130, suivant lequel la
succession de l'absent n'est ouverte que du jour *de son*
décès prouvé ?

Disons-le donc avec certitude, l'absent n'est, aux
yeux de la loi, comme à ceux de la raison, ni mort
ni en vie. Ce n'est pas parce que le législateur le considère comme décédé, qu'il autorise l'envoi en possession
de ses biens, soit provisoire, soit même définitif, et
l'exercice des droits subordonnés à la mort : c'est uniquement parce que dans l'ignorance où l'on est sur le
sort d'un individu, il est convenable, non-seulement
pour l'intérêt des tiers et pour l'intérêt public, mais
aussi pour l'intérêt même de l'absent, de confier l'administration des biens à ceux qui sont le plus intéressés
à leur conservation, et de mettre un terme à l'incertitude
qui règne sur les droits éventuels, de manière à ménager
tous les intérêts.

78. Le principe d'où découlent toutes les règles sur l'absence est donc celui-ci : *La vie et la mort de celui qui a disparu sont également incertaines ;* toutefois cette égalité d'incertitude diminuant progressivement, sans que la présomption de mort acquière jamais le caractère de certitude, il convient de prendre des mesures de plus en plus favorables à ceux qui ont des droits subordonnés au décès de l'absent, sans qu'en aucun cas l'intérêt de celui-ci soit totalement négligé.

Ainsi, pendant la *présomption d'absence*, les parties intéressées peuvent seulement requérir le tribunal de prendre les mesures commandées par la nécessité (art. 112) ; après la *déclaration d'absence*, les héritiers présomptifs peuvent demander *l'envoi en possession provisoire* des biens, en donnant caution (art. 120) ; trente ans après l'envoi provisoire, ou quand il s'est écoulé cent ans depuis la naissance de l'absent, les héritiers présomptifs peuvent demander *l'envoi définitif*, à la charge de rendre les biens, si l'absent reparaît, dans l'état où ils se trouveront alors (art. 129 et 132).

Telle est l'économie de la loi sur l'absence : telle est la gradation suivie par le législateur.

79. Il nous semble que ce serait contrevenir à l'esprit qui préside à cet ensemble de dispositions, et méconnaître les combinaisons du législateur, que de ne pas comprendre les héritiers présomptifs parmi les *parties intéressées* qui peuvent, aux termes de l'art. 112, demander à ce qu'il soit pourvu à l'administration de tout ou partie des biens du présumé absent, en cas de nécessité. La qualité d'héritier présomptif qui, pendant

la seconde période de l'absence, donne le droit d'agir
pour obtenir la déclaration d'absence et l'envoi en possession provisoire, qui, pendant la troisième, autorise
à demander l'envoi définitif, donne, pendant la première,
la faculté d'agir pour solliciter les mesures conservatoires.
Tout est en rapport : l'action de l'héritier présomptif,
dans chacune des trois périodes, est proportionnée au
degré d'incertitude qui règne sur la vie et la mort de
l'absent.

En vain dira-t-on, avec M. Toullier (1), qu'il n'y a
qu'un intérêt né et actuel qui puisse être la base d'une
action judiciaire. Cela est vrai en principe ; et il est
certain que l'héritier ne peut, en général, agir en cette
qualité qu'après l'ouverture de la succession. Mais nous
traitons ici d'une matière toute spéciale. L'action autorisée par l'art. 112, à la différence des actions
ordinaires, n'est pas établie dans l'intérêt du demandeur,
mais dans celui d'un tiers, de l'absent. Il est donc naturel
de penser qu'il suffit, pour l'exercer, d'un intérêt quelconque, même éventuel, comme celui de l'héritier
présomptif. Il faut interpréter chaque disposition législative *secundum subjectam materiam*, pour nous servir
de l'expression célèbre de Dumoulin : or, en matière
d'absence, les *parties intéressées* sont tous ceux qui ont
un intérêt, même éventuel, à la conservation des biens
de l'absent.

Il est d'autant moins convenable d'invoquer ici les
règles ordinaires de la procédure, que la forme tracée
par l'art. 859 du Code de procédure pour exercer l'action

_____

(1) Tome 1er, n° 394.

instituée par l'art. 112 du Code civil, démontre seule qu'il ne s'agit pas d'une action judiciaire proprement dite : suivant l'art. 859, le droit des parties intéressées se borne à présenter requête au président du tribunal.

M. Duranton prétend, n°s 401 et 402, qu'on ne peut pas agir en vertu de l'art. 112, quand l'intérêt éventuel qu'on a à la conservation des biens de l'absent présumé, n'a pas son principe dans un acte. Mais c'est là une condition purement arbitraire, que la loi ne prescrit point, et qu'elle n'aurait pu prescrire sans s'éloigner du but qu'elle se proposait ; car plus on aurait diminué le nombre des personnes qui peuvent, par leur demande, éveiller la sollicitude de la justice, plus les biens de l'absent auraient couru risque de dépérir.

80. M. le président de Moly, dans son *Traité des absens*, n°s 119 et suivans, refuse au ministère public le droit de requérir les mesures conservatoires. Quelque spécieuses que soient les raisons sur lesquelles ce savant magistrat appuie son opinion, nous ne pouvons nous y rendre ; nous croyons que le droit dont il est question résulte suffisamment, pour le ministère public, du devoir de surveillance spéciale qui lui est imposé par l'art. 114. A cet égard, nous adoptons l'avis de M. Duranton, n° 397.

81. Mais notre auteur va jusqu'à dire, n° 398, que le ministère public a qualité suffisante pour exercer directement les actions qui compètent à l'absent présumé. C'est, suivant nous, contrevenir aux dispositions de l'article 112. Trois conditions sont requises par cet

article pour qu'il y ait lieu à prendre une mesure quelconque relativement aux biens d'un absent présumé ; il faut : 1° que l'individu ne soit pas simplement *non présent*, mais présumé absent, c'est-à-dire, qu'il y ait déjà incertitude sur son existence ; 2° qu'il n'ait pas laissé de procureur fondé ; 3° qu'il y ait *nécessité* de pourvoir à l'administration de tout ou partie des biens. Ce sont autant de précautions prises pour empêcher qu'on ne s'immisce indiscrètement dans les affaires de l'absent et qu'on ne nuise à ses intérêts par trop de précipitation. Or, le tribunal est seul juge de la question de savoir si ces conditions subsistent ; lui seul aussi est appelé à choisir et à déterminer la mesure qu'il convient de prendre. Le droit de surveillance donné au procureur du roi est donc nécessairement limité par l'art. 112 : il se borne à demander au tribunal qu'il soit pourvu à ce que les circonstances exigent, et par exemple, s'il s'agit d'une prescription à interrompre ou d'un droit qui deviendrait inefficace s'il n'était promptement exercé, à ce qu'on nomme un curateur pour intenter les actions du présumé absent. Si le ministère public pouvait exercer lui-même ces actions, ce ne serait qu'autant qu'il y aurait été expressément autorisé par le tribunal.

82. Partant d'un principe différent de celui de M. Duranton (lui, prenant pour point de départ la présomption de vie ou de mort ; nous, adoptant pour règle l'incertitude sur le sort de l'absent), il semble que nous devions arriver à des résultats opposés, et nous trouver continuellement en dissidence sur les questions particulières auxquelles le titre *des absens* peut donner lieu. Il n'en

est pourtant pas ainsi : nous partageons l'avis de l'auteur sur la plupart de ces questions. C'est que M. Duranton, entraîné par la vérité, s'est montré inconséquent à un principe erroné, et, à chaque pas, a été obligé ou de se contredire lui-même, ou d'accuser la loi de contradiction.

83. Ainsi, examine-t-il si les envoyés en possession provisoire sont tenus *ultrà vires*, des dettes de l'absent. « Nous ne le croyons pas, dit-il dans une note sur le » n° 492, à cause de l'incertitude des effets de l'envoi » en possession, incertitude qui ne permet guère de » croire que les héritiers aient voulu s'exposer (surtout » à l'égard d'un absent dont les affaires sont assez » ordinairement dérangées) à l'obligation de payer » toutes ses dettes ; ils ne sont que dépositaires, » quoique dépositaires intéressés. »

Il est évident que cette doctrine ne s'accorde pas avec le principe que l'absent, déclaré tel, est présumé mort. Car, s'il en était ainsi, les envoyés en possession ne seraient pas simples dépositaires ; la succession de l'absent serait déclarée ouverte, comme dans le système du Code prussien ; et, par conséquent, les règles sur la transmission des biens par succession se trouvant applicables, les héritiers de l'absent seraient tenus de ses dettes, même *ultrà vires*, à moins qu'ils n'eussent accepté sous bénéfice d'inventaire.

84. Pour admettre une solution contraire, il faut donc reconnaître, ce qu'il importe de remarquer, car cette observation brise le seul et fragile appui qu'on ait essayé

de donner à la présomption de mort de l'absent ; il faut
reconnaître, disons-nous, que la possession accordée
aux héritiers présomptifs de l'absent n'est point une
hérédité proprement dite. En effet, il n'y a de succession ouverte qu'autant que le décès est prouvé : c'est ce
que déclare positivement l'art. 130 ; et la maxime *non
est viventis hereditas*, invoquée plusieurs fois par M. Duranton, ne signifie pas autre chose. Donc l'envoi en
possession, qui s'obtient sans que la preuve du décès
soit rapportée, n'est pas l'ouverture d'une succession ;
donc la *possession des biens* de l'absent est un droit distinct de l'hérédité : c'est un droit qui a de l'analogie avec
le droit héréditaire, en ce que, dans le cas d'absence,
la demande en possession des biens peut être formée
par les mêmes personnes auxquelles, en cas de décès
prouvé, on accorderait la pétition d'hérédité, mais qui
en diffère en plusieurs points essentiels, principalement
en ce qu'il ne confère pas, comme le droit héréditaire,
la propriété, mais seulement l'administration des biens
avec certains avantages (1).

(1) On peut indiquer d'autres différences. Ainsi, 1° la saisine légale
qui investit les héritiers de plein droit, en cas de succession ouverte
(art. 724), n'a pas lieu en matière d'absence : les héritiers présomptifs
de l'absent sont obligés de demander l'envoi en possession ; 2° les envoyés en possession ne peuvent point se dispenser de faire procéder à
l'inventaire prescrit par l'art. 126, tandis que les héritiers peuvent se
dispenser de faire inventaire en acceptant purement et simplement
la succession. Nous pourrons signaler, dans la suite de cet ouvrage,
plusieurs autres différences, mais qui presque toutes dériveront de
la différence principale, consistant en ce qu'en cas de succession
ouverte il y a transmission des biens, tandis qu'en cas d'absence,
même après l'envoi en possession, la propriété des biens continue à
résider sur la tête de l'absent.

De cette notable différence il résulte que l'envoyé en possession provisoire, ne confondant point, comme l'héritier pur et simple, les biens de l'absent avec son propre patrimoine, puisqu'il n'est que dépositaire-administrateur de ces biens, n'est point tenu personnellement des dettes de l'absent, mais seulement en qualité d'administrateur, et jusqu'à concurrence des biens dont il a le dépôt.

85. M. Proudhon, qui, de même que M. Duranton, a inconsidérément adopté le principe de la présomption de mort de l'absent, enseigne (1) que c'est seulement à l'égard de celui-ci que les envoyés en possession sont *dépositaires*, mais que, comparativement à des tiers, ils sont *héritiers*, du moins par provision. Il en conclut qu'ils sont tenus personnellement des dettes de l'absent ; toutefois il ne les croit pas obligés *ultrà vires*, parce que, dit-il, « la qualité de comptable envers l'absent, à quelque époque qu'il reparaisse ; cette qualité que les héritiers possesseurs conservent indéfiniment, a une influence nécessaire sur leurs droits à l'égard des créanciers : il est impossible de leur appliquer la maxime *semel hœres semper hœres*, puisqu'ils peuvent toujours être évincés, même après l'envoi en possession définitif ; d'où il résulte que ce n'est que comme possesseurs, et non comme héritiers, qu'ils peuvent être poursuivis par les créanciers de l'absent. »

Il y a là une confusion de principes et d'idées que l'auteur s'efforce vainement de concilier ; son embarras se trahit facilement, si nous ne nous trompons.

(1) Tome 1er, p. 159 et 160.

Cet être à double face, produit étrange de la vérité
et de l'erreur, ce monstre bicéphale, héritier d'un côté,
dépositaire de l'autre, n'a d'existence que dans l'imagi-
nation de l'auteur; ce n'est point une création de la loi.
Certes, M. Proudhon ne prétendra pas que, quand l'article 128 déclare que l'envoi en possession ne donnera
pas le droit d'aliéner ou d'hypothéquer, cet article ne
règle que les rapports de l'envoyé en possession vis-à-
vis de l'absent, et nullement ceux de l'envoyé en possession comparativement aux tiers; et cependant l'art. 128
n'est évidemment qu'un corollaire de l'art. 125; l'incapacité d'aliéner n'est que la conséquence de la qualité
de *dépositaire-administrateur*. Que M. Proudhon renonce
donc à donner à l'envoyé en possession deux titres con-
traditoires, deux qualités anomales; ou, pour être conséquent, il faudra qu'il autorise les tiers à tenir à l'absent,
lors de son retour, ce singulier langage : « La vente
que l'envoyé en possession nous a passée de vos biens,
l'hypothèque qu'il nous a conférée, tout cela est inat-
taquable, relativement à nous, car, si l'envoyé en possession n'était que dépositaire-administrateur, c'était
seulement à votre égard; quant à nous, la loi nous
permettait de le considérer comme héritier, c'est-à-dire
comme propriétaire : vous pouvez bien actionner le dépositaire infidèle, mais vous n'avez aucune action contre
nous qui avons traité avec le maître. »

Tout cela est faux; tout cela n'est qu'un système bâtard,
résultat de cette malheureuse fiction de la mort de l'absent, qu'on veut, bon gré mal gré, concilier avec les
dispositions du Code qui la repoussent si évidemment.

M. Proudhon prétend appuyer son système sur l'ar-

ticle 134, dont voici la disposition : « Après le jugement
» de déclaration d'absence , toute personne qui aurait
» des droits à exercer contre l'absent , ne pourra les
» poursuivre que contre ceux qui auront été envoyés
» en possession des biens, ou qui en auront l'adminis-
» tration légale. »

Pour se convaincre qu'il n'y a aucun argument à tirer
de là en faveur des théories de M. Proudhon , il suffit
d'observer que cet article met sur la même ligne l'envoyé en possession et l'époux administrateur légal ; ce
qui démontre que l'un et l'autre ne représentent l'absent , vis-à-vis des demandeurs , que comme curateurs ,
comme dépositaires - gérans ; car on ne prétendra pas
que l'administrateur légal est héritier.

Mais, poursuit M. Proudhon, l'envoyé en possession
a les actions actives de l'absent ; il n'est donc pas simple dépositaire ; car le dépositaire n'a point les actions
du maître.

Si M. Proudhon veut dire par-là que l'envoyé en possession n'est pas un dépositaire , dans le sens strict qui
est donné à ce mot au titre XI du livre 3 du Code civil ,
nous serons d'accord. Il est certain , en effet , que
l'envoi en possession n'est pas un dépôt proprement dit
(art. 1917), mais un dépôt avec des droits et des
devoirs plus étendus que ceux d'un dépositaire ordinaire : l'envoyé en possession est un dépositaire-admi-
nistrateur-intéressé , comme le dit M. Proudhon lui-
même , p. 158 ; ses fonctions sont définies d'une manière
peut-être plus juridique encore , par M. Duranton, quand
il les considère , n° 487 , comme un *mandat judiciaire*
avec salaire , mais avec certains caractères particuliers ,
notamment avec ceux du dépôt.

Mais il ne résulte pas de l'objection de M. Proudhon que l'envoyé en possession soit héritier ; et la preuve, c'est que l'époux, administrateur légal des biens personnels de son conjoint absent, a les actions de celui-ci, tout comme l'envoyé en possession, sans que personne se soit avisé d'en conclure qu'il est héritier, et tenu personnellement des dettes de l'absent.

Le système de M. Proudhon est donc sans fondement. Il vient, d'ailleurs, se briser, avec la présomption de mort qui l'a produit, contre l'art. 130, que nous regardons comme le phare destiné à éclairer toute la matière de l'absence. Ne craignons pas de le redire, car c'est là la clé de la loi, c'est le principe qui lie et coordonne dans un harmonieux ensemble toutes les dispositions du titre *des absens*, il résulte expressément de cet article, qu'il n'y a de succession ouverte, qu'il n'y a, par conséquent, d'héritier, qu'il n'y a transmission, qu'autant que le décès est prouvé ; jusque-là la loi ne reconnaît que des dépositaires-administrateurs, sous le nom d'envoyés en possession.

86. Le n° 495 de l'ouvrage de M. Duranton peut donner lieu à une observation semblable à celle que nous avons faite sur le n° 492. « Si des tiers, dit l'honorable » professeur, ont à opposer une prescription, il faut, » pour savoir si son cours a été ou non supendu depuis » la disparition jusqu'à la demande formée contre eux, » considérer uniquement la qualité de l'absent ; c'est le » véritable adversaire des tiers : en sorte qu'un envoyé » en possession ne pourrait exciper de sa minorité pour » prétendre que la prescription n'a point couru contre

» lui depuis l'envoi ; qu'elle n'a même point couru de-
» puis la disparition, parce que l'art. 120, en accor-
» dant l'envoi aux plus proches héritiers à cette épo-
» que, paraît supposer que l'absent est décédé dans le
» même temps : car l'envoyé en possession provisoire
» n'est toujours qu'un dépositaire avec mandat, et n'est
» réellement point l'adversaire des tiers. »

Cela est parfaitement vrai ; mais il est difficile d'imaginer une doctrine plus en contradiction avec la présomption de mort de l'absent ; cette contradiction est
telle, que nous ne concevons pas comment elle n'a point
averti l'auteur de l'erreur où il était tombé sur l'esprit
général, sur le principe initial de la loi relative aux
absens.

87. Les envoyés en possession provisoire ont-ils besoin
de se faire autoriser pour intenter une action immobilière ? M. Duranton soutient l'affirmative, n° 492, en
argumentant des règles relatives à la tutelle. Mais il a
pris soin lui-même d'affaiblir cet argument en signalant,
n° 487, quelques différences notables entre les fonctions du tuteur et celles des envoyés en possession : pour
achever de détruire la prétendue analogie dont l'auteur
se prévaut, il suffira d'indiquer d'autres disparates. La
plus remarquable, peut-être, consiste en ce que le tuteur n'a aucun intérêt personnel à la conservation des
biens pupillaires, tandis qu'indépendamment des bénéfices qu'il peut faire sur les fruits, l'envoyé en possession est, à raison de sa qualité d'héritier présomptif,
intéressé personnellement à conserver, à améliorer même
les biens de l'absent. Ajoutez que le tuteur n'est point

astreint au cautionnement que doit fournir l'envoyé en
possession. Il n'est donc pas surprenant que la loi n'ait
pas soumis ce dernier à toutes les autorisations et formalités imposées au tuteur. La preuve qu'elle n'a point
voulu assimiler l'envoyé en possession au tuteur, résulte,
d'ailleurs, expressément de l'article 817, qui oblige le
tuteur à se faire autoriser par le conseil de famille pour
exercer l'action en partage appartenant au pupille, tandis
qu'il donne purement et simplement l'exercice de cette
action à l'envoyé en possession, sans lui imposer la
nécessité d'aucune autorisation.

M. Duranton objecte que, dans le système que nous
soutenons, le principe qui interdit aux envoyés en possession l'aliénation des immeubles, pourrait être facilement éludé : « Il suffirait, dit-il, de mettre un tiers
en possession de l'immeuble, et de diriger contre lui
une demande en revendication, sur laquelle, au moyen
de la connivence, l'envoyé en possession devrait suc-
comber indubitablement. Cela serait d'autant plus aisé,
que l'intervention du ministère public n'est plus exigée
dans les deux dernières périodes de l'absence. »

D'abord est-il vrai que l'intervention du ministère public ne soit exigée que pendant la présomption d'absence ?
Ce serait une incurie dont on pourrait blâmer le législateur ; mais l'art. 83 du Code de procédure porte :
« Seront communiquées au procureur du Roi les causes
» suivantes : ... 6° ... les causes des mineurs, *et généra-*
» *lement toutes celles où l'une des parties est défendue par*
» *un curateur.* » Or, ces expressions nous paraissent
comprendre, dans leur étendue, les causes où l'absent
est représenté par les envoyés en possession. Voilà donc

un obstacle à la fraude : les droits de l'absent sont mis sous la protection vigilante du ministère public.

Mais, au surplus, s'il y a eu dol, s'il y a eu collusion, les voies légales seront ouvertes à l'absent pour faire réformer le jugement surpris à la justice, et, dans tous les cas, la caution est là qui garantit à l'absent l'efficacité de l'action en réparation qu'il pourra intenter contre l'envoyé en possession.

88. Le législateur a attaché à l'envoi en possession provisoire, des bénéfices usufructuaires, afin qu'en encourageant ainsi les héritiers présomptifs à le demander, les biens de l'absent ne restassent point à l'abandon. Voici les termes de l'art. 127 : « Ceux qui, par suite » de l'envoi provisoire, ou de l'administration légale, » auront joui des biens de l'absent, ne seront tenus de » lui rendre que le cinquième des revenus, s'il reparaît avant quinze ans révolus depuis le jour de la disparition ; et le dixième, s'il ne reparaît qu'après les » quinze ans. *Après trente ans d'absence*, la totalité des » revenus leur appartiendra. »

A partir de quel moment doivent se compter les trente ans d'absence ?

A notre grand étonnement, M. Duranton s'exprime ainsi, dans une note sous le n° 496 : « Quant au mot *absent*, employé dans la fin de l'art. 127, il est CERTAIN qu'il exprime *l'absence déclarée*. Les héritiers n'auront prescrit contre l'action en restitution des fruits pour une portion quelconque, que par le laps de trente années, depuis qu'ils ont commencé à devenir comptables ; de même que les cautions ne sont déchargées qu'au bout de ce temps, à partir de l'envoi en possession (art. 129). »

Nous en demandons bien pardon à l'honorable professeur ; mais il nous paraît certain, au contraire, que le mot *absence*, dans la disposition finale de l'art. 127, ne doit pas être entendu dans le sens restreint qu'il veut lui donner.

Dans le langage ordinaire des lois , on entend par *absent* l'individu dont on n'a pas de nouvelles, et dont, par conséquent, l'existence est incertaine, que son absence soit ou non déclarée. L'absence, en effet, comprend, comme nous l'avons dit, n° 76, les trois périodes de la *présomption*, de la *déclaration* et de l'*envoi* en possession *définitif*. C'est dans cette acception générale que le mot absence est pris dans le titre *des absens* , notamment dans le chap. III, intitulé : *Des effets de l'ABSENCE* ; car la section II de ce chapitre , qui a pour rubrique : *Des effets de l'ABSENCE, relativement aux droits éventuels qui peuvent compéter à l'ABSENT*, s'applique non-seulement à celui dont l'absence a été déclarée, mais à tout individu dont l'existence n'est pas reconnue , comme le disent les art. 135 et 136 ; et la section III concerne tout aussi bien l'absent présumé que l'absent déclaré. Les art. 121 et 122 prouvent aussi que , dans la section Ire du même chapitre , le mot absence ne cesse pas d'être une expression générique , puisque, dans le dernier de ces articles surtout , le législateur qualifie précisément d'*absent* un individu dont l'absence n'est pas déclarée.

Mais, au surplus, à quoi bon chercher ailleurs que dans l'art. 127 lui-même, le sens du mot absence ? Quand , après avoir dit que les envoyés en possession provisoire ne seront tenus de rendre à l'absent que le cinquième des revenus, s'il reparaît avant quinze ans révolus *depuis le jour de la disparition*, et le dixième, s'il ne reparaît qu'après les quinze ans, le législateur ajoute immédiatement : *après trente ans d'absence*, la totalité des revenus leur appartiendra, ce qui précède permet-il d'équivoquer sur le mot *absence ?* N'est-il pas évident que le point de départ est *le jour de la disparition ?* N'est-il pas manifeste que le législateur partage ici l'absence en périodes de quinze ans, dont la première commence *au jour de la disparition ;* et que c'est à l'expiration de la seconde que la totalité des fruits doit appartenir aux envoyés en possession?

Notre auteur paraît considérer le droit de retenir la totalité des fruits comme l'effet d'une prescription qui ne commencerait à courir que du jour de l'envoi en possession provisoire. Nous pourrions faire remarquer que l'absence peut être déclarée, et l'envoi provisoire ordonné à des époques différentes, et que cependant les termes de l'art. 127, interprétés comme le veut M. Duranton, feraient toujours courir les trente ans à partir de la déclaration d'absence. Mais il est par trop clair que le droit de retenir la totalité des fruits ne dérive pas plus d'une prescription que celui de retenir les 4/5 ou les 9/10. Ce sont deux droits de même nature, et qui ne diffèrent que par la quotité : l'un et l'autre ont leur source dans la volonté directe, dans la disposition immédiate du législateur. Aussi est-il hors de doute que la minorité de l'absent, qui suspendrait la prescription, n'est pas un obstacle à l'attribution faite aux envoyés en possession, soit de la totalité, soit d'une quote part des revenus.

Toutefois si, pour calculer l'époque où la totalité des
fruits doit appartenir aux possesseurs, les termes de
l'art. 127 ne permettent pas d'adopter d'autre point de
départ que le jour où l'absence a commencé, nous conviendrons que, dans les vues mêmes du législateur, il eût
été préférable de faire partir le délai de trente ans, du
jour de l'envoi en possession, car les héritiers présomptifs auraient eu alors un motif de plus pour se hâter de
demander l'administration des biens.

89. La retenue que l'envoyé en possession peut faire,
soit de la totalité, soit d'une partie des fruits, est la
récompense, le salaire de son administration; elle lui
est accordée *pro culturâ et curâ.* Nous pensons donc,
avec M. Duranton, n° 497, que le cohéritier qui n'aurait pas participé à l'envoi en possession, ne pourrait
pas, dans la suite, réclamer sa part dans les revenus
touchés par ceux qui ont géré les biens. Expliquons-nous
toutefois, car cette décision a besoin, ce nous semble,
d'être modifiée : nous pensons que le cohéritier négli-
gent n'a pas le droit de réclamer sa part dans les fruits
que les premiers envoyés en possession ont eu le droit de
retenir en vertu de l'art 127 ; mais quant à la portion
des fruits réservée à l'absent par le même article, quant
au 10e, par exemple, si l'absence avait duré plus de
quinze ans, mais moins de trente, nous croyons que le
cohéritier en retard a le droit d'en demander sa quote
part, car cette portion réservée a dû accroître le patrimoine de l'absent, et les cohéritiers qui ont administré
n'auraient eu le droit de la retenir en totalité, qu'autant
qu'ils auraient géré seuls jusqu'à l'expiration des trente
ans d'absence.

Par la même raison, si l'héritier présomptif, au jour de la disparition ou des dernières nouvelles, avait laissé obtenir l'envoi en possession provisoire, par un parent d'un degré plus éloigné que lui, il pourrait, à notre avis, se faire remettre, avec le capital, le cinquième ou le dixième des revenus, pourvu que l'absence n'eût pas encore duré 30 ans.

Qu'on ne dise pas que ce n'est qu'à l'absent, et dans le cas seulement où il reparaît, que l'art. 127 oblige de rendre le cinquième ou le dixième des revenus. Cette interprétation judaïque de l'art. 127 est repoussée par la fin de l'art. 130, qui prouve que la portion des fruits réservée à l'absent, ou pour mieux dire, non attribuée aux possesseurs, peut être réclamée par les ayant-droit de l'absent, comme par lui-même ; parce qu'en effet, tant que cette portion des revenus n'est pas acquise à l'envoyé en possession, et elle ne lui est acquise qu'à l'expiration des trente ans d'absence, elle suit le sort du capital, et peut être revendiquée avec lui.

90. Nous avons dit que, parmi les dix ou quinze dispositions du Code qui repoussent à l'envi la présomption de mort de l'absent, on pouvait citer, comme une des plus remarquables, l'art. 124, d'après lequel l'époux commun en biens peut, en optant pour la continuation de la communauté, empêcher l'envoi en possession provisoire de ceux qui ont des droits subordonnés au décès de son conjoint absent. Il est assez curieux de voir comment M. Duranton (n°s 449, 451, 454), fort embarrassé, comme cela se comprend, pour concilier l'existence de la communauté avec la mort présumée de

l'époux absent, après avoir fait d'inutiles tentatives pour rapprocher deux principes qui hurlent de se trouver ensemble, ne voit d'autre issue pour sortir du labyrinthe inextricable où il s'est engagé, que d'accuser la loi de déraison, et de dire qu'il y a contradiction dans les vues du législateur. La loi, suivant notre auteur, ne présume plus la mort de l'absent, quand son conjoint opte pour la continuation de la communauté. Puis il ajoute naïvement : « On le demande, en quoi la présomption de mort est-elle affaiblie par cette option ? »

Nous l'avouerons, n'étaient la gravité de la matière, et le respect que nous devons à la personne de M. Duranton, nous aurions eu peine a retenir ici un sourire.

Mais, nous le demanderons, à notre tour, à l'auteur, comment n'a-t-il pas cent fois abandonné son principe de la mort présumée de l'absent, plutôt que de prêter au législateur une telle inconséquence, tranchons le mot, une pareille absurdité ?

91. La disposition de l'art. 124, inintelligible dans le système de la présomption de mort, s'accorde parfaitement avec le principe de l'incertitude sur le sort de l'absent. En effet, en partant de ce principe, on reconnaît, comme nous croyons l'avoir démontré jusqu'à l'évidence, qu'il ne s'agit pas, l'absence d'un individu une fois constatée, d'ouvrir et de régler sa succession, mais seulement de pourvoir à l'administration de ses biens, de manière à ménager son propre intérêt d'abord, puis les intérêts éventuels des tiers ; et l'on comprend de suite que le législateur, chargé de protéger tous ces intérêts, a très-bien pu préférer, pour la garde et l'ad-

ministration des biens, tantôt ceux qui ont sur ces biens des droits subordonnés au décès de l'absent, tantôt l'époux présent, suivant que les circonstances lui faisaient penser qu'il y aurait plus de convenance et d'équité à les confier aux uns qu'aux autres.

92. Après cela, on peut disputer sur la convenance de laisser à l'époux présent la faculté de continuer la communauté et de prendre ou conserver, pendant trente ans, l'administration des biens personnels de l'absent, par préférence à ceux qui ont des droits subordonnés au décès. On peut se demander pourquoi la faculté de prendre ou de conserver la gestion des propres de l'absent n'est accordée qu'à l'époux commun en biens, et non à celui marié sous le régime dotal. On peut prétendre que cette continuation de communauté facultative donne accès à bien des difficultés, qu'elle complique la loi sur l'absence, et nuit à sa simplicité.

Nous dirons notre avis sur ces différens griefs; mais tenons d'abord pour constant que, si l'on a des reproches à faire au législateur, on n'a point à l'accuser de l'étrange contradiction que lui prêtent les partisans du système de la présomption de mort de l'absent.

93. Il est certain, à notre sens, que le cas où l'absent est marié sous le régime de la communauté, devait appeler d'une manière spéciale l'attention du législateur. L'envoi en possession des biens, au profit des héritiers présomptifs, entraînait comme conséquence nécessaire, la dissolution provisoire de la communauté. Or, l'incertitude de l'existence de l'un des époux devait-elle suffire

pour rompre , même provisoirement, le contrat de communauté sur la foi [duquel le mariage , qui subsiste encore , a été formé ? Le sort de l'époux présent ne serait-il pas trop affligeant, si l'absence de son conjoint lui faisait perdre les avantages de leur union , alors surtout qu'il peut encore conserver l'espérance de le voir revenir ? La dissolution, même provisoire , de la communauté peut avoir des effets funestes et irréparables, comme lorsque les principales ressources du ménage consistent dans les bénéfices d'un commerce que l'époux présent pourrait soutenir et diriger seul , et qui serait anéanti par une liquidation provisoire. L'intérêt de l'absent peut donc, comme celui de l'époux présent, souffrir d'un partage provisoire. Dès-lors il semblait convenable de confier à l'époux présent, intéressé d'ailleurs à la prospérité des affaires sociales , l'administration de la communauté , et même celle des biens propres de l'absent, dont les revenus tombent le plus souvent dans la communauté.

Telles sont les considérations qui ont dû motiver la disposition de l'art. 124.

On voit que c'est sans fondement que quelques auteurs, M. de Moly entre autres , se sont plaints de ce qu'on n'avait pas accordé à l'époux marié sous le régime dotal la faculté d'empêcher l'envoi en possession provisoire. Il n'y avait pas les mêmes raisons pour lui donner la préférence sur les héritiers présomptifs, qu'on attribue à l'époux commun en biens. On a très-probablement considéré , ainsi que le remarque M. Duranton, nᵒ 452 , que, s'il n'y a pas d'enfans, les charges du mariage n'existent plus, de fait, puisque l'époux présent n'a plus à pourvoir qu'à ses besoins personnels, pour lesquels il a ses biens; que, s'il y a des enfans, c'est à eux qu'appartiendra la possession provisoire des biens de l'absent, que c'est même à l'époux présent que cette possession profitera, si les enfans sont mineurs de 18 ans, par suite de la jouissance légale donnée aux père et mère par l'art. 384. Rien ne s'oppose donc à l'exercice provisoire des droits subordonnés au décès. Si c'est le mari qui est absent, la femme retirera sa dot et en aura la jouissance; si c'est la femme qui s'est absentée, le mari, qui n'a plus les charges du ménage, n'a pas de motif pour refuser de rendre provisoirement la dot qu'on ne lui avait donnée que pour y faire face.

Au surplus, nous croyons, avec M. de Moly, n° 562, que l'époux présent, s'il est dans le besoin, peut demander une pension alimentaire aux envoyés en possession provisoire, sur les biens de l'absent. Puisque le mariage subsiste toujours, il faut que les devoirs du mariage s'accomplissent autant que les circonstances le permettent.

L'art. 124 nous semble donc à l'abri de la critique, du moins quant au principe même qu'il consacre. Mais nous conviendrons qu'il eût été à désirer qu'on eût restreint davantage la durée de l'administration légale de l'époux présent; car, cette administration et la continuation de communauté pouvant se prolonger pendant trente ans à partir de la déclaration d'absence, et la déclaration d'absence ne pouvant s'obtenir elle-même qu'après cinq ans, depuis la disparition ou les dernières nouvelles, et même après onze ans, lorsque l'absent a laissé une procuration, il en résulte que l'exercice des droits subordonnés au décès de l'absent, se trouve sus-

13

pendu pendant trente-cinq ou quarante-un ans ; terme beaucoup trop long, à ce qu'il nous paraît, surtout lorsque les intéressés tiennent leurs droits, non de l'absent, mais de la libéralité d'un tiers, comme dans les exemples cités par M. Duranton, n° 454. Il est surtout à regretter que le principe de l'art. 124, introduit dans la loi sur l'absence par voie d'amendement, n'ait pas reçu une organisation plus complète. Faute d'avoir été suffisamment développé, il a laissé de fâcheuses lacunes, et a donné lieu à de graves difficultés.

94. Ainsi on peut se demander si la continuation de communauté, pour laquelle nous supposons que l'époux présent a opté, n'est que provisoire, de telle sorte que l'absent ne reparaissant pas, la dissolution que ses héritiers présomptifs pourront demander en vertu de l'article 129, doive remonter au jour de la disparition ou des dernières nouvelles ; ou si, au contraire, les effets de la continuation de communauté sont définitifs et irrévocables, de manière que ce soit la communauté composée telle qu'elle était au jour de la dissolution, de fait, et non telle qu'elle était au jour de la disparition ou des dernières nouvelles, qui devra être partagée entre l'époux présent et les héritiers de l'absent ?

On sent l'importance de la question, et, s'il y a lieu de s'étonner qu'elle n'ait point été résolue par un texte précis, on doit être plus surpris encore qu'elle n'ait été examinée sérieusement par aucun des commentateurs du Code.

Dans l'ancien droit, lorsqu'à la mort de l'un des époux, le survivant ne faisait pas inventaire, il y avait continuation de communauté entre celui-ci et les enfans mineurs. Or, la dissolution qui survenait ensuite n'avait pas un effet rétroactif au jour du prédécès : les enfans, héritiers du prédécédé, participaient aux accroissemens que la communauté avait reçus, soit par l'effet des économies ou de l'industrie de l'époux survivant, soit par l'effet de donations ou de successions comprenant des objets de nature à tomber dans l'actif de la communauté.

En est-il de même de la continuation de la communauté autorisée par l'art. 124 ? Les héritiers de l'absent devront-ils participer aux augmentations que la communauté aura reçues jusqu'au jour de la dissolution réelle ?

Il est d'autant plus difficile de le croire, que le Code a abrogé l'ancien droit, en ce qui concerne la continuation de communauté entre les héritiers du prédécédé et le survivant qui n'a point fait inventaire (article 1442), et semble avoir ainsi consacré le principe que la communauté est une société essentiellement personnelle, qui ne peut exister qu'entre les deux époux, et non pas entre l'un d'eux et les ayant-droit de l'autre.

Le décès de l'un des époux dissout nécessairement la communauté (art. 1441). La loi sur l'absence n'a pas plus dérogé à ce principe élémentaire, en autorisant la continuation de la communauté, qu'elle n'a dérogé à la règle *nulla est viventis hereditas*, en autorisant l'envoi en possession provisoire au profit des héritiers présomptifs de l'absent. Il suit de là que la preuve acquise du décès de l'absent bornerait à cette époque les conséquences légales de la communauté, lors même que, dans l'ignorance de ce décès, l'administration du conjoint se serait ultérieurement prolongée. Il doit en être de même lorsque, l'absent ne reparaissant pas, la communauté est dissoute, soit par l'expiration des trente ans d'administration légale, soit par la renonciation que l'époux présent pourrait faire, avant l'expiration des trente ans, comme nous croyons qu'il en a le droit, à la continuation de la communauté, pour laquelle il avait d'abord opté : la dissolution légale de la communauté doit remonter au jour de la disparition ou des dernières nouvelles, comme elle remonte au jour du décès prouvé de l'absent.

L'option pour la continuation de la communauté ne fait qu'en différer la dissolution ; mais, quoique différée, de fait, la dissolution n'en doit pas moins remonter au jour de la disparition ou des dernières nouvelles, comme elle y serait bien certainement remontée, si elle avait eu lieu immédiatement après la déclaration d'absence.

En effet, sans supposer que l'absent est mort le jour de sa disparition ou de ses dernières nouvelles, supposition qui eût été toute gratuite et dangereuse, la loi devait nécessairement, sous peine de se jeter dans un déraisonnable arbitraire, se reporter au dernier signe de vie donné par l'absent, pour arrêter la composition active et passive de la communauté, comme pour déterminer quels sont les parens, auxquels, à raison de leur qualité d'héritiers présomptifs, elle veut accorder l'envoi en possession des biens, provisoire ou définitif.

Remarquez à quels résultats conduirait le système qui fait produire des effets irrévocables à la continuation de la communauté jusqu'au jour de la dissolution, de fait. L'époux administrateur légal serait forcé de partager avec les héritiers présomptifs de l'absent, le salaire de son travail, les bénéfices qu'il se serait procurés par son industrie, tandis que, ni de la part de l'absent dont nous supposons qu'on n'a pas reçu de nouvelles, ni de la part de ses héritiers, il ne serait venu aucun profit pour la communauté. L'époux présent serait également forcé de partager avec les héritiers présomptifs de l'absent, les objets, de nature à tomber dans la communauté, qui lui seraient advenus par l'effet de successions ouvertes ou de donations à lui faites depuis son option, ou même depuis la disparition de son conjoint, tandis que lui-même ne pourra rien réclamer dans les successions échues à l'absent, puisque celui-ci en aura été exclu en vertu des art. 135 et 136. Certes, il y aurait là une telle injustice, qu'il est impossible de croire qu'elle soit entrée dans l'esprit du législateur. Un pareil résultat serait souvent de nature à détourner l'époux présent du dessein où il serait d'exercer la faculté de continuer la communauté; faculté que cependant le législateur désire le voir exercer, parce qu'il est à présumer que la continuation de communauté est aussi favorable à l'absent lui-même qu'à l'époux présent.

Qu'on ne dise pas que l'époux présent s'est soumis à ces chances défavorables, par son option volontaire pour la continuation de la communauté. Telle n'a pu être son intention. Il n'est pas possible de supposer que l'époux présent ait voulu avantager, à ses dépens, les héritiers présomptifs de l'absent; on doit croire, au contraire, que c'est uniquement dans l'espérance de voir revenir l'absent, et dans le but de prévenir les fâcheux effets d'un partage précipité, qu'il a opté pour la continuation de la communauté. D'où il suit que, dans son intention, cette continuation de la communauté a été implicitement

soumise à une condition résolutoire, pour le cas où l'absent ne reparaîtrait pas.

On objecterait inutilement que l'art. 124 ne qualifie pas
de *provisoire* la continuation de la communauté, comme
il le fait expressément pour la dissolution. C'est en vue
du retour possible, espéré même, de l'absent, qu'on
appelle *provisoire* la dissolution de la communauté, quoiqu'elle puisse devenir définitive par le défaut continu
de nouvelles. Par la même raison, on a dû s'abstenir
de qualifier de *provisoire* la continuation de la communauté, qui, effectivement, est *définitive* dans le cas où
l'absent vient à reparaître, ce qui est l'hypothèse que le
législateur a principalement en vue, pendant la seconde
période de l'absence.

95. Mais, quoique la dissolution de la communauté
doive remonter au jour de la disparition ou des dernières
nouvelles, quand l'absent ne reparaît pas, les actes de
gestion faits par l'administrateur légal, dans les limites
de ses pouvoirs, seront valables à l'égard des tiers qui
auront contracté de bonne foi. La faculté de continuer la
communauté est un mandat donné par la loi à l'époux
présent. Or, les principes en matière de mandat,
mettent les tiers de bonne foi à l'abri de toute recherche, pour les actes passés avec le mandataire (article 2009).

96. Reste à savoir quelle est l'étendue des pouvoirs
de l'époux présent, relativement à l'administration de
la communauté. A cet égard, toutes les règles qu'on
peut établir découlent de cette observation, que c'est
une *continuation* de communauté que la loi autorise.

Il suit de là, comme le fait remarquer M. Toullier (1), que, si c'est le mari qui est présent, il peut vendre, hypothéquer les biens de la communauté, et même les donner, en se conformant à l'art. 1422, sans le concours des héritiers présomptifs de la femme, comme il pouvait le faire sans le consentement de cette dernière. S'il en était autrement, ce ne serait plus une continuation de communauté, mais un contrat régi par des règles différentes.

Les aliénations ainsi faites par le mari seront valables, non-seulement à l'égard des tiers, mais même dans les rapports du mari et des héritiers de la femme, en ce sens que celui-là ayant agi de bonne foi, ne sera tenu de rendre compte à ceux-ci que du prix qu'il aura retiré de ces aliénations, et non de la valeur réelle des biens aliénés. Le mari est dans la position du mandataire qui a contracté dans l'ignorance de la cause qui a mis fin au mandat : tout ce qu'il a fait de bonne foi doit être respecté (art. 2008).

Si c'est la femme qui est présente, appelée à une gestion à laquelle elle n'avait aucun droit, ses pouvoirs ne sauraient être plus étendus que ceux des administrateurs ordinaires.

Ainsi, elle ne pourra ni aliéner, ni hypothéquer les immeubles dépendant de la communauté, à moins d'y être autorisée par justice (art. 1427).

Nous pensons qu'elle aurait également besoin d'être autorisée pour aliéner le mobilier de la communauté. M. Duranton exprime un avis contraire, n° 459, en

_____
(1) Tome 1er, p. 391.

argumentant des articles 1449 et 1536. Mais il s'agit, dans ces articles, du mobilier appartenant personnellement à la femme, dont elle s'est réservé, par le contrat de mariage, la libre administration ; il n'y a point par conséquent d'analogie à invoquer. Quoique nous ne partagions pas le sentiment de ceux qui disent que la femme n'a point de droit à la communauté pendant le mariage, et qu'elle n'y acquiert son droit que par l'acceptation, nous regardons comme incontestable que la femme étant privée, tant que dure la communauté, de l'exercice de la co-propriété qui lui appartient dans les choses communes, et le mari, au contraire, ayant la libre disposition de ces choses, sous les seules restrictions contenues dans les art. 1422, 1423, les meubles, comme les immeubles de la communauté, sont, quant à la faculté de les aliéner, considérés comme appartenant au mari; et que dès-lors la femme ne peut avoir, à cet égard, plus de droits qu'elle n'en aurait sur les biens propres du mari, plus de droits que n'en ont les héritiers présomptifs de l'absent sur les biens dont ils sont envoyés en possession provisoire.

En général, d'ailleurs, la femme ne peut, ni s'obliger, ni obliger la communauté, en l'absence du mari, sans l'autorisation de la justice (art. 1427), à moins, bien entendu, qu'il ne s'agisse d'un acte de pure administration ; car l'autorisation qu'elle est tenue d'obtenir, comme nous n'en doutons pas, à l'effet d'opter pour la continuation de la communauté, emporte virtuellement l'autorisation de faire tous les actes de simple administration.

97. Si l'absent ne revient pas, la dissolution devant remonter au jour de la disparition ou des dernières nouvelles, la communauté ne devra point s'augmenter des économies opérées par l'administrateur légal sur les revenus : celui-ci pourra faire, sur la part des héritiers de l'absent dans les biens de la communauté, comme sur les biens personnels à l'absent, la retenue usufructuaire autorisée par l'art. 127. De sorte que, si l'absence a duré trente ans au jour de la dissolution réelle, ce qu'on suppose être le cas le plus ordinaire, l'administrateur légal ne devra aucun compte des revenus aux héritiers de l'absent.

M. Duranton prétend même, n° 464, que, dans le cas où l'absent reparaît, l'art. 127 autorise l'administrateur légal à faire la retenue des fruits, nonobstant l'art. 1401, qui fait tomber dans la communauté tous les fruits, revenus et produits perçus pendant son cours, tant sur les biens personnels de chacun des époux, que sur ceux de la communauté, ainsi que les gains provenant de l'industrie commune. Mais nous ne saurions admettre cette opinion. Le législateur n'a pas voulu, par l'art. 127, déroger aux principes relatifs à la composition active et passive de la communauté ; l'idée d'une semblable dérogation est incompatible avec celle d'une continuation de communauté. Il résulte simplement de l'art. 127 que l'absent ne pourra pas réclamer de l'administrateur légal, en cette qualité d'administrateur légal, au delà de la quotité de fruits indiquée par cet article, et même qu'il ne pourra demander aucun compte des revenus, si l'absence a duré 30 ans ; mais rien n'empêche que l'administrateur légal ne soit tenu

de verser dans la communauté les bénéfices qu'il aura
faits sur les revenus, en vertu de l'art. 127, si les
clauses de son contrat de mariage l'obligent à rapporter
à la communauté tous les bénéfices de cette nature. Il
est clair, en effet, qu'il y a ici deux questions distinctes
à examiner : 1° l'époux présent est-il tenu de rendre
compte, en sa qualité d'administrateur légal, des revenus qu'il a perçus sur les biens de l'absent ? 2° est-il
tenu, à titre d'époux commun en biens, d'apporter à la
communauté les bénéfices usufructuaires qu'il a pu faire
pendant son administration légale ? Or, la première de
ces questions est seule résolue par l'art. 127; la seconde
dépend du régime particulier sous lequel les époux sont
mariés, des règles qui doivent régir la composition
active de la communauté.

Si le contrat de mariage permettait à chacun des
époux de conserver en propre une partie de ses revenus ;
s'il ne faisait tomber dans la communauté que les bénéfices d'une industrie spéciale, et en excluait les revenus
des biens particuliers des époux, toutes ces clauses rece-
vraient leurs effets ; et l'administrateur légal pourrait
garder tout ou partie des fruits dont l'art. 127 l'a dispensé de rendre un compte personnel à l'absent. Mais
si les clauses expresses ou tacites du contrat de communauté font tomber dans l'actif commun tous les revenus,
tous les bénéfices indistinctement, pourquoi dérogerait-
on à cette condition du mariage ?

Remarquez qu'il serait d'autant plus injuste de permettre à l'administrateur légal de faire son profit personnel des revenus qu'il aura touchés, que l'absent, à
son retour, devra, à moins que le contrat ne contienne

quelque clause dérogatoire aux règles générales de la communauté, verser dans l'actif social tous les bénéfices qu'il aura pu faire pendant une absence, dont il n'aura couru les risques, peut-être, que dans le dessein d'enrichir la communauté.

98. L'époux qui opte pour la continuation de la communauté, doit-il donner caution?

M. Duranton résout la question négativement, d'une manière absolue, n° 465. « La caution, dit-il, ne » pouvait être raisonnablement exigée du mari, puis- » que ses droits ne devaient point être altérés par l'ab- » sence de la femme; et celle-ci, par d'autres motifs, » est dispensée de la donner. » L'auteur ne prend pas la peine de nous expliquer quels sont ces *autres motifs*.

Nous concevons facilement qu'à l'égard des biens dépendant de la communauté, le mari soit dispensé de donner caution, par cela seul qu'il y a *continuation de la communauté*. A quoi bon demander caution pour des biens dont il conserve la libre disposition! Mais à l'égard des biens propres de la femme, surtout lorsque celle-ci s'en était réservé l'administration, nous ne croyons pas qu'il soit dispensé du cautionnement. Nous ne croyons pas davantage que la femme, qui n'a pas plus la libre disposition des biens de la communauté, que celle des biens personnels du mari, soit dispensée de donner caution pour les uns ou les autres.

M. de Maleville, dans son commentaire sur le Code, dont il fut l'un des rédacteurs, fait remarquer qu'il faut bien que l'administrateur légal soit, en général, tenu de donner caution, puisque l'art. 129 dit que « si l'ab-

» sence a continué pendant trente ans depuis l'envoi
» provisoire, ou depuis l'époque à laquelle l'époux
» commun aura pris l'administration des biens de l'ab-
» sent ,..... *les cautions seront déchargées.* »

C'est qu'en effet, suivant l'art. 124, l'époux présent
est seulement *préféré* aux héritiers présomptifs pour l'administration des biens de l'absent. D'où il suit que son
droit se borne à remplacer l'envoyé en possession provisoire, aux mêmes charges et conditions. Aussi les art.
126, 127 et 134 s'appliquent indistinctement à l'époux
administrateur légal, et aux envoyés en possession provisoire ; et si, dans quelques autres articles, il n'est
parlé que de *l'envoi provisoire*, on doit convenir que
cette expression comprend l'administration de l'époux
présent, car autrement, il faudrait dire que l'art. 128,
qui prohibe l'aliénation et l'hypothèque des immeubles
de l'absent, ne concerne pas l'administrateur légal,
puisque cet article ne nomme que ceux qui jouissent
en vertu de *l'envoi provisoire.*

Disons donc que l'époux présent doit caution, comme
l'envoyé en possession provisoire, dont il prend la place,
pour les biens personnels de son conjoint ; que là
femme doit également caution pour les biens de la communauté, puisque ces biens peuvent être, sous certains
rapports, et notamment quant à la faculté d'en disposer,
considérés comme ceux du mari.

Cette opinion a été adoptée par la cour royale de
Paris, dans un arrêt du 9 janvier 1826, affaire Delapalne.

99. Lorsque l'époux présent opte pour la dissolution
provisoire de la communauté, il suit le sort de tous

ceux qui ont des droits subordonnés au décès de l'absent. Ses droits sont donc faciles à régler. Nous approuvons entièrement ce que M. Duranton dit à cet égard,
n°s 466 à 472, sauf l'opinion qu'il émet, timidement
à la vérité, sur le cautionnement à fournir par le
mari, dans le cas où il exercerait provisoirement les
droits résultant d'une donation, à lui faite à la condition de survie, de biens meubles et immeubles propres
à la femme.

« A l'égard des immeubles, dit notre auteur, p.382, ce
» serait peut-être seulement pour les dégradations possi-
» bles que le mari devrait caution, et non pour la propriété,
» qui serait peu compromise, puisque la femme ou ses
» héritiers auraient la revendication, tant que la pres-
» cription ne serait pas acquise au profit des tiers à qui
» le mari vendrait ces immeubles, et que, dans ce cas,
» la prescription ne court pas contre la femme pendant
» le mariage (art. 2256). »

Quelqu'ingénieuse que soit cette observation, elle ne
saurait détourner l'application des termes précis de
l'art. 124 qui soumettent l'époux présent à donner
caution pour toutes *les choses susceptibles de restitution.*
D'ailleurs, l'envoyé en possession provisoire est assujetti à donner caution pour la valeur des immeubles
qu'il reçoit, et à l'instant même où il les reçoit, bien
que la revendication de ces immeubles, dans la main
des tiers détenteurs, même de bonne foi, puisse appartenir à l'absent pendant vingt ans, et même au-delà
en cas de minorité.

100. Lorsque l'absence a continué pendant trente ans depuis l'envoi provisoire, ou depuis l'époque à laquelle l'époux commun aura pris l'administration des biens de l'absent, ou lorsqu'il s'est écoulé cent ans révolus depuis la naissance de l'absent, les ayant-droit, dit l'art. 129, peuvent faire prononcer l'envoi en possession définitif.

Quelle est la nature de l'envoi définitif? quels sont ses effets? c'est ce qu'il importe d'examiner avec quelque attention.

Suivant M. Duranton et la plupart des commentateurs, l'envoi en possession définitif équivaut à l'ouverture de la succession de l'absent (n° 500); ceux qui l'ont obtenu sont propriétaires, mais sous une condition résoluble; ils possèdent en qualité *d'héritiers* (n° 510).

Nous avons déjà relevé l'anomalie frappante qui existe entre cette doctrine et le principe que l'absent est réputé mort dès la déclaration d'absence (1). Pour être conséquent avec lui-même, M. Duranton aurait dû au moins ne faire commencer la présomption de mort qu'à l'époque de l'envoi définitif, puisque c'est seulement alors que, dans ses idées, les envoyés en possession deviennent propriétaires, et possèdent en qualité *d'héritiers*.

Mais cette opinion même n'eût été qu'un *milieu*, qui ne mériterait pas, à notre avis, le nom de *juste*.

Rappelons ici des principes sur lesquels on nous pardonnera d'insister de nouveau, parce qu'ils ont été

(1) Voyez p. 165.

méconnus par le plus grand nombre de nos auteurs,
et que sans eux il est impossible d'avoir une intelligence complète du titre *des absens.*

M. Tronchet disait, dans une séance du conseil-
d'état, rapportée pour la première fois par M. Locré,
dans son ouvrage sur la *législation civile*, etc (1): «Tout
» le système de projet de loi sur les absens, pose
» sur le principe que l'absent n'est réputé ni vivant
» ni mort, à moins que son décès ne soit prouvé.
» Il faut donc distinguer deux cas : si des tiers se pré-
» sentent pour recueillir sa succession, ils sont obligés
» de prouver qu'il n'existe plus, et, *faute de faire cette*
» *preuve, ils ne peuvent obtenir que l'envoi en possession ;*
» si, au contraire, des tiers se présentent pour re-
» cueillir du chef de l'absent une succession à laquelle
» il était appelé, ils sont obligés de prouver son exis-
» tence. »

Voilà, en quelques mots, l'ensemble de la loi sur
l'absence expliqué. Cette distinction entre *l'envoi en*
possession, soit provisoire, soit définitif, et *l'ouverture*
de la succession, est, si nous pouvons parler ainsi, le
mot de l'énigme: Et comment a-t-on pu méconnaître
cette distinction fondamentale, en présence de l'article 130, qui la consacre en termes si clairs!

LA SUCCESSION DE L'ABSENT SERA OUVERTE DU JOUR DE
SON DÉCÈS PROUVÉ, *au profit des héritiers les plus proches*
à cette époque. Voilà les termes de l'art. 130 : que veut-on
de plus précis ?

Et remarquez que cet article se trouve placé pré-

(1) Tome 4, p. 98.

cisément après l'art. 129, qui détermine l'époque à
laquelle l'envoi en possession définitif peut avoir lieu ;
d'où il suit que l'envoi définitif, pas plus que l'envoi
provisoire, ne met obstacle à l'application de l'article 130.

En effet, il n'y a absence, il ne peut être question,
par conséquent, des mesures auxquelles l'absence
donne lieu, qu'autant qu'il y a incertitude sur l'existence d'un individu. Dès que la preuve de la vie ou
de la mort de cet individu est acquise, il n'y a
plus d'absent ; nous rentrons dans le droit commun :
si c'est la preuve du décès qui est rapportée, il y
a succession ouverte ; ce n'est plus la loi sur l'absence, c'est la loi sur les successions qu'il faut consulter. Mais tant qu'il y a absence, c'est-à-dire tant
que la preuve du décès n'est pas acquise, il n'y a
point de *succession* ouverte, point d'*héritiers*, point de
transmission : il n'y a que l'*envoi en possession*, soit
provisoire, soit définitif.

L'envoyé en possession définitive n'est donc pas héritier.

Il n'est pas même exact de dire que l'envoi définitif confère une propriété *résoluble ;* car s'il en était
ainsi, le retour de l'absent opérant révocation du droit
en vertu duquel l'envoyé en possession a aliéné, les
tiers détenteurs pourraient être évincés, suivant la règle
soluto jure dantis, solvitur jus accipientis, qui n'est qu'un
corollaire de la grande maxime, *nemo plus juris in
alium transferre potest quàm ipse habet,* maxime que
l'absent pourrait aussi invoquer à l'appui de sa revendication, et que le Code à consacrée, par plusieurs

textes (voy. art. 1599, 2182, 2125), comme un des
principes fondamentaux de notre législation civile.

Qu'est-ce donc que l'envoi en possession définitif?
C'est, comme l'envoi en possession provisoire, un mandat légal, mais avec des pouvoirs et des avantages plus
étendus. L'envoi en possession, qu'il soit provisoire ou
définitif, a toujours la même nature : c'est toujours un
mandat; il n'y a de différence que dans l'étendue des
pouvoirs. Par l'envoi provisoire, l'héritier présomptif
n'avait reçu que le droit d'administrer et de faire des
retenues sur les fruits; par l'envoi définitif, il reçoit le
pouvoir de disposer librement des biens de l'absent.
Nous disons *des biens de l'absent*, car c'est à lui qu'ils
appartiennent réellement; et la preuve, c'est que, si
l'envoyé en possession définitive les a conservés, il est
obligé de les remettre à l'absent, en cas de retour,
comme aussi de lui rendre le prix de ceux qui auront
été aliénés, ou les biens acquis en remploi (art. 132).

Si la preuve du décès de l'absent est rapportée, c'est
aux plus proches parens au jour du décès, que ces restitutions devront être faites (art. 130), à moins qu'on
ne puisse leur opposer la prescription.

101. Ici se présente une question qui ne peut se résoudre que par la distinction entre l'envoi en possession, soit provisoire, soit définitif, et le droit succes-
soral proprement dit.

La mort de l'absent une fois prouvée, c'est aux parens
en ordre de succéder au jour du décès, que les biens se
trouvent avoir appartenu à titre d'héritiers, depuis cette
époque. Si d'autres qu'eux ont joui de ces biens, même

14

à titre d'envoyés en possession définitive , ils en obtiendront la restitution : les avis sont unanimes sur ce point; c'est d'ailleurs ce qui résulte des termes généraux de l'art. 130.

Cependant l'art. 133 porte que « les enfans et des » cendans directs de l'absent pourront , dans les trente » ans, *à compter de l'envoi définitif*, demander la resti- » tution de ses biens; » et comme il est évident que la loi attache ici à la qualité d'enfans ou de descendans une faveur particulière , il semble en résulter cette double conséquence : 1° que les autres parens ne seront jamais admis à se faire restituer les biens, après l'envoi définitif ; 2° que les descendans pourront toujours réclamer les biens de l'absent, dans les trente ans à compter de l'envoi définitif, quand même , le décès étant prouvé , il se serait écoulé le temps ordinaire pour prescrire contre la pétition d'hérédité.

Y a-t-il contradiction entre les art. 130 et 133 ? Y a-t-il aussi contradiction entre l'art. 133 et l'art. 129 ? Faudra-t-il décider que ceux qui, de fait, auront obtenu l'envoi définitif, sans y avoir droit, pourront se maintenir en possession des biens , quoique l'art. 129 n'accorde cet envoi qu'aux *ayant-droit?*

Non. L'embarras disparaît , tout s'éclaircit , quand on distingue la nature de l'action , l'objet de la demande intentée aux envoyés en possession.

Les demandeurs rapportent-ils la preuve du décès ; est-ce, par conséquent, la *pétition d'hérédité* qu'ils exercent ? Alors , qu'ils soient descendans , ascendans ou collatéraux , peu importe : leur action ne sera prescrite qu'autant qu'il se sera écoulé trente ans depuis l'ouver-

ture de la succession , sans préjudice des interruptions
telles que de droit. Ainsi le veulent les principes , en
matière de succession ; c'est l'application de l'article 130.

Les demandeurs sont-ils , au contraire, dans l'impuissance de prouver le décès ; est-ce seulement , dès-lors,
l'envoi en possession qu'ils réclament ? Dans ce cas, il faut
distinguer, d'après l'art. 133, entre les descendans et les
autres parens. Le droit d'obtenir l'envoi en possession
est , pour les héritiers présomptifs , un droit analogue à
celui qu'ils auraient dans la succession de l'absent, si,
au lieu de prouver l'absence, ils pouvaient prouver le
décès ; c'est un droit , par conséquent , qui se prescrit
entre eux, comme le droit héréditaire , bien qu'il ne se
confonde pas avec lui , et qu'il ait des effets fort différens, comme nous l'avons suffisamment démontré : or,
il résulte, selon nous , de l'art. 133 , que la prescription au profit de ceux qui ont obtenu l'envoi en possession , soit provisoire, soit définitif , sans être les plus
proches parens au jour de la disparition ou des dernières nouvelles , commence à courir, contre ceux-ci , du
jour de la prise de possession , soit provisoire , soit définitive , lorsque les ayant-droit sont des ascendans ou
des collatéraux , tandis qu'elle ne doit jamais courir que
de l'envoi définitif , si les ayant-droit sont des enfans ou
descendans (1). C'est en cela seul que consiste le bénéfice de l'art. 133.

_____

(1) Cela prouve que l'envoi en possession a toujours le même caractère, celui d'un mandat, plus ou moins étendu. Quand il y a eu envoi
provisoire, l'envoi définitif n'est qu'une extension de pouvoirs donnée
à l'envoyé en possession.

Nous pensons donc que cet art. 133 est exclusivement relatif au cas d'*absence*, qu'il ne déroge point aux principes, en matière de *succession*; nous pensons qu'il ne reçoit d'application que quand les enfans ou descendans demandent seulement l'envoi en possession, que quand ils agissent, non comme *héritiers*, mais comme *enfans* et *descendans*, en prouvant non pas le décès, mais seulement leur filiation (1). S'ils agissaient comme héritiers, leur action, qui ne serait point l'action spéciale introduite par la loi sur l'absence, mais l'action ordinaire, la pétition d'hérédité; leur action, disons-nous, serait régie par les règles ordinaires; elle serait prescrite par trente ans, à partir de l'ouverture de la succession; mais la prescription pourrait être interrompue pour cause de minorité; tandis que quand ils agissent en vertu de l'art. 133, sans prouver le décès, leur action s'éteint par le laps de trente ans, à compter de l'envoi définitif, sans qu'ils puissent se prévaloir d'aucune interruption; car nous adoptons l'avis de M. Duranton, n° 513, qui pense que le terme prescrit par l'art. 133 est un délai préfix, qui ne serait point suspendu par la minorité. Il s'agit, en effet, d'un privilége, qui doit, par cela même, être restreint dans ses limites les plus étroites.

(1) Nous pouvons citer, à l'appui de l'interprétation que nous donnons à l'art. 133, ces paroles de M. Bigot-Préameneu, dans l'exposé des motifs de la loi sur l'absence : « Les descendans ne doivent pas » être dépouillés par les collatéraux, sous prétexte de l'envoi défi- » nitif. En effet, s'ils prouvent l'existence ou la mort de l'absent, » tout droit des collatéraux cesse : s'ils ne prouvent ni l'un ni l'autre » de ces faits, ils ont au moins, dans leur qualité de descendans, un » titre préférable pour obtenir la possession des biens. »

102. Les envoyés en possession définitive n'étant point héritiers, n'ayant point la propriété des biens, quoiqu'ils en aient la disposition, on peut se demander quels sont leurs rapports avec les tiers, particulièrement avec les créanciers de l'absent.

Sont-ils tenus personnellement des dettes ? en sont-ils tenus *ultrà vires* ?

Il nous semble que par cela seul que les envoyés en possession définitive ont la libre disposition des biens, par cela seul qu'ils peuvent les aliéner, les dissiper ou en confondre le prix dans leurs propres patrimoines, ils sont tenus personnellement des dettes de l'absent, n'importe que ce soit en vertu d'un mandat légal, plutôt qu'en vertu d'un véritable droit de propriété qu'ils aient la faculté de disposer des biens : on ne dispose jamais d'une universalité de biens qu'à la charge de payer les dettes. Dès que les envoyés en possession peuvent agir comme s'ils étaient propriétaires de la fortune de l'absent, on doit pouvoir agir envers eux comme s'ils en étaient propriétaires : la réciprocité est nécessaire.

Nous croyons même que les envoyés en possession définitive seraient tenus des dettes *ultrà vires*, s'ils avaient disposé des biens sans remplir les formalités imposées à l'héritier bénéficiaire ; nous pensons que le fait d'aliéner et de dissiper les biens, sans que la consistance en ait été préalablement établie par un inventaire (1), et sans

---

(1) Remarquez que l'envoi définitif peut avoir lieu, en certains cas, sans qu'il y ait eu envoi provisoire, comme lorsque cent ans se sont écoulés depuis la naissance de l'absent, sans que les héritiers présomptifs aient encore réclamé aucun envoi en possession. Or, l'inventaire n'est plus alors exigé dans l'intérêt de l'absent ; l'art. 126 ne le prescrit que pour l'envoi provisoire.

qu'on ait appelé sur les aliénations la publicité et la concurrence, par les affiches, annonces et enchères publiques, nous pensons que ce fait opère un quasi-contrat semblable à d'adition d'hérédité, et qu'il oblige indéfiniment les envoyés en possession vis-à-vis des créanciers de l'absent.

103. Aux termes de l'art 132, si l'absent réparaît après l'envoi définitif, il recouvre ses biens dans l'état où ils se trouvent, *le prix de ceux qui auraient été aliénés, ou les biens provenant de l'emploi qui aurait été fait du prix de ses biens vendus.*

M. Duranton, n° 509, a donné à cette disposition finale une interprétation qui la défigure étrangement.

Il suffit, ce nous semble, de lire attentivement l'article 132, pour reconnaître qu'il prévoit trois cas différens, et qu'il accorde à l'absent, dans chacun d'eux, des droits divers.

Ou l'absent retrouve ses biens en nature, et alors il les reprend dans l'état où ils sont; ou ses biens sont aliénés, et l'envoyé en possession, qui ne justifie d'aucune stipulation de remploi, a confondu le prix dans son propre patrimoine, et alors il est débiteur de ce prix envers l'absent; ou enfin, les biens ont été vendus, mais l'envoyé en possession ne voulant courir aucune chance de gain ou de perte, a acquis d'autres biens avec la clause de remploi, et alors l'absent ne pourra réclamer que les biens achetés en remploi. Voilà le sens clair et très-simple de l'art. 132.

Au lieu de cela, M. Duranton va imaginer qu'il y aura ou qu'il n'y aura pas remploi, au gré de l'envoyé en possession, ou, ce qui revient au même, que le remploi n'a pas besoin d'être constaté dans la forme ordinaire ; que l'art. 132 établit, en faveur de l'envoyé en possession, une alternative qui lui permettra de rendre, à sa volonté et selon son intérêt, ou le prix des biens vendus, ou les biens qu'il prétendra avoir acquis en remploi. Nous le disons à regret, cela n'est pas raisonnable.

Il est évident 1° que si l'envoyé en possession n'a pas déclaré dans l'acte d'acquisition, qu'il achetait avec les deniers provenant de la vente des biens de l'absent, et par conséquent pour le compte de celui-ci, il a entendu courir lui-même les risques de l'acquisition ; 2° qu'une fois le remploi constaté, il ne peut pas être loisible à l'envoyé en possession de l'anéantir. L'alternative imaginée par M. Duranton n'a donc aucun fondement. Elle est aussi contraire à l'équité qu'aux principes du droit ; car elle permettrait à l'envoyé en possession de s'enrichir aux dépens de l'absent. Il est clair, en effet, que l'envoyé en possession, usant de la faveur que lui donne notre auteur, ne manquerait pas de remettre à l'absent les biens acquis en remploi, s'ils avaient diminué de valeur ; qu'il s'empresserait, au contraire, de rendre le prix des biens vendus, si la valeur de ceux acquis en remploi avait augmenté.

104. Un des principes élémentaires du droit civil, c'est que tout demandeur est tenu de prouver le fondement de sa demande : *actori incumbit onus probandi*. Il suit de là que « quiconque réclame un droit échu à un individu dont l'existence n'est pas reconnue, doit prou-

ver que ledit individu existait quand le droit a été ouvert : jusqu'à cette preuve , il sera déclaré non recevable
dans sa demande » (art. 135). Par la même raison ,
quiconque réclame un droit subordonné au décès d'un individu , doit prouver que cet individu est mort.

C'est avec surprise que nous avons vu M. Duranton
nier cette dernière proposition (nᵒˢ 455 , 542). Nous
avons peine à comprendre comment l'honorable professeur a pu tomber dans une telle erreur. C'est précisément parce que ceux qui ont des droits subordonnés à
la condition du décès de l'absent , sont dans l'impuissance de les exercer , faute de pouvoir prouver le décès,
que le législateur a tracé des règles spéciales , a autorisé
des mesures particulières , pour le cas d'absence ; c'est
précisément parce que les parens en ordre de succéder
à l'absent , ne peuvent pas se faire reconnaître pour
héritiers , et s'emparer de la succession , faute de rapporter la preuve du décès , que le législateur a institué
l'envoi en possession , soit provisoire , soit définitif , qui
leur confère le droit de gérer les biens, avec des avantages
et des pouvoirs plus ou moins étendus. De sorte que toute
la loi sur l'absence repose sur la proposition que M. Duranton essaie de nier. Comment notre auteur a-t-il osé
émettre une opinion aussi hérétique , qu'on nous par-
donne l'expression , en présence de l'art. 130 , qui dit
positivement que la succession de l'absent n'est ouverte
que du jour de son *décès* PROUVÉ ? Il faut le dire ,
M. Duranton a complètement méconnu les principes
fondamentaux de la loi des absens ; tout son travail sur
cette matière a besoin d'être refait à neuf.

105. Du principe que quiconque réclame un droit
échu à un individu dont l'existence n'est pas reconnue,
doit prouver que cet individu existait quand le droit a
été ouvert (art. 135), le législateur a tiré lui-même la
conséquence que « s'il s'ouvre une succession à laquelle
» soit appelé un individu dont l'existence n'est pas re-
» connue, elle sera dévolue exclusivement à ceux avec
» lesquels il aurait eu le droit de concourir, ou à ceux
» qui l'auraient recueillie à son défaut. » Telle est la disposition de l'art. 136.

Elle a donné lieu à l'une des questions les plus controversées : un homme meurt laissant un fils et des petits-
enfans nés d'un autre fils qui a disparu : qui recueillera
sa succession ? Les enfans de l'absent seront-ils exclus
par leur oncle, ou pourront-ils venir à la succession de
leur aïeul, soit par représention de leur père, soit en
vertu du droit de transmission ?

L'armée des commentateurs s'est divisée en deux
camps : d'un côté MM. Locré, Proudhon et Favart de
Langlade, soutenant que les enfans sont entièrement
exclus ; de l'autre, MM. Merlin, Delvincourt, de Moly
et Duranton, défendant les prétentions de ces enfans,
et se retranchant derrière un arrêt de la cour de Paris,
du 27 janvier 1812.

Nous avouerons franchement que le combat ne nous a
point paru digne de l'habileté ordinaire et de la haute réputation des honorables champions. On y a mis de l'ardeur,
de l'acrimonie ; mais quelques-uns se sont servis d'armes
sans force, comme cette malheureuse présomption de
mort de l'absent ; et tous ont frappé à faux. Nous allons
essayer de nous interposer comme médiateur de cette
lutte sans résultat.

Nous dirons d'abord à ceux qui prétendent que les petits-enfans doivent être admis à représenter leur père absent dans la succession de l'aïeul, que leur thèse, prise dans un sens absolu, est insoutenable. Il est incontestable, en effet, qu'on ne représente que les personnes mortes civilement ou naturellement (art. 744); et que, par conséquent, le droit de .représentation est subordonné à la preuve du décès de celui qu'on veut représenter. Ce que l'art. 130 dit, en termes formels, pour le droit de succéder à l'absent, doit s'appliquer également au droit de le représenter : l'un et l'autre de ces droits ne peuvent s'exercer qu'autant que le décès de l'absent est prouvé.

Suivant M. Duranton, n° 547, l'art. 136 ne veut pas dire autre chose, sinon que la succession à laquelle est appelé un individu dont l'existence n'est pas reconnue, appartiendra à ceux qui l'auraient eue, si cet individu était décédé; *parce qu'en effet*, ajoute notre auteur, *l'incertitude de son existence le fait en quelque sorte présumer mort.* Il suffirait, pour détruire cette interprétation subtile, de faire observer qu'elle s'appuie sur la présomption de mort de l'absent : car nous savons à quoi nous en tenir sur cette prétendue présomption. Mais remarquez que la conséquence de l'observation de l'auteur serait que l'absent devrait être réputé mort, même pendant la présomption d'absence, puisqu'il est constant pour tout le monde, et pour M. Duranton lui-même (n° 535), que l'art. 136 s'applique aussi bien avant qu'après la déclaration d'absence.

L'exclusion de ceux qui se présentent pour recueillir une succession du chef de l'absent, n'est donc pas fondée sur la chimérique présomption de mort; elle provient uniquement de ce que, ne pouvant pas prouver que l'absent a survécu au défunt, ils ne se trouvent pas en état de réclamer le concours en son nom.

Nous ajoutons, au reste, fort peu d'importance aux argumens qu'on a essayé, de part et d'autre, de tirer des termes et de la construction grammaticale de l'article 136. Si l'on veut être de bonne foi, on conviendra que la question qui nous occupe n'a point été prévue spécialement par le législateur, et que l'art. 136 se rapporte uniquement, dans la pensée de ses rédacteurs, au cas où l'on prétend venir à la succession déférée à l'absent, par droit de *transmission*, et non à celui où l'on veut y venir par droit de *représentation*. C'est ce dont on est profondément convaincu, quand on remarque, 1° que l'art. 136 n'est que la conséquence et l'application de l'art. 135, et qu'il n'est question, dans ces deux articles, que des droits subordonnés à *l'existence* d'un individu ; 2° qu'il n'est pas dit un seul mot du droit de représentation, à propos de l'art. 136, ni dans les discussions au conseil-d'état, ni dans les observations du Tribunat, ni dans l'exposé des motifs. Il suit de là que c'est plutôt dans les principes généraux du droit, que dans les termes mêmes de l'art. 136, qu'il faut chercher la solution de la question.

L'art. 136 ne peut offrir, en bonne conscience, qu'un argument par analogie. En effet, de même que ceux qui se présentent pour concourir à la succession par droit de *transmission*, sont exclus, faute de pouvoir prouver *l'existence* de l'absent, à l'époque où la succession s'est ouverte, pareillement ceux qui se présentent en alléguant un droit de *représentation* doivent être exclus, faute de faire la preuve du *décès* de l'absent : c'est, dans les deux cas, l'application du même principe, *actori incumbit onus probandi.*

Nous n'aurions donc pas regardé la question comme tranchée, en faveur de ceux qui repoussent la prétention des enfans de l'absent, par ces seuls mots de l'article 136 : *La succession sera dévolue exclusivement à ceux avec lesquels l'absent aurait eu le droit de concourir*, quoique l'adverbe *exclusivement* paraisse favoriser leur opinion; pas plus que nous ne la regarderions comme résolue en faveur du droit de représentation, par ce second membre de phrase : *ou à ceux qui l'auraient recueillie à son défaut.* Il ne faut pas faire dire au législateur plus qu'il n'a voulu ; ou, ce qui revient au même, il faut interpréter chaque disposition *secundùm subjectam materiam.* Or, nous le répétons, dans les art. 135 et 136, le législateur n'a eu en vue que les droits soumis à la condition de l'*existence* de l'absent.

Ceci nous conduit à un autre ordre d'idées, et nous amène à conclure qu'il faut, pour résoudre la question, consulter les dispositions de la loi sur l'absence, qui concernent les droits soumis à la condition du *décès* de l'absent, puisque le droit de le représenter dans une succession est un droit de cette nature.

Changeant ici d'adversaires, nous dirons à ceux qui veulent que les enfans de l'absent soient absolument exclus de la succession de leur aïeul : En principe, ces enfans ne peuvent pas représenter leur père, parce qu'ils sont dans l'impuissance de prouver son décès, et qu'on ne représente que les personnes mortes (art. 774) : cela est certain. Mais ce qui ne l'est pas moins, c'est qu'une loi équitable, une loi nécessaire a été faite spécialement pour concilier les intérêts divers que l'absence d'un indi-

vidu peut mettre en souffrance, et notamment pour protéger, autant que possible, les droits soumis à la condition du décès de l'absent. Or, que veut cette loi? Elle
veut que, quand l'absence s'est prolongée pendant un
certain temps, elle puisse être déclarée, et qu'alors les
droits subordonnés au décès de l'absent puissent être
exercés provisoirement en donnant caution. Cet exercice
provisoire, qui ne donne d'ailleurs aux ayant-droit
qu'un mandat salarié, il n'y a aucune raison pour le refuser aux enfans de l'absent, quand ils demandent,
après la déclaration d'absence, à représenter leur père
dans la succession de leur aïeul.

Ainsi envisagée, et en remontant aux principes, la
question nous semble fort simple, et nous concevons à
peine les grands débats qu'elle a occasionnés. Elle se
trouve résolue d'une manière équitable; car elle concilie,
autant que faire se peut, tous les intérêts : celui de
l'absent, en ce que ses enfans ne pourront réclamer sa
part dans l'héritage de l'aïeul, qu'après la déclaration
d'absence, et en donnant caution; celui des enfans,
en ce qu'ils pourront obtenir, en même temps, la possession provisoire des biens de leur père, et celle de la
part lui revenant dans la succession de l'aïeul (1); enfin,
l'intérêt des cohéritiers de l'absent, en ce que, devant
profiter de la part de celui-ci, dans le cas où il renon-
cerait à la succession, puisqu'on n'est pas admis à représenter l'héritier qui a renoncé, ils ne seront point obligés
de se dessaisir de cette part, avant que l'absence se soit

_____

(1) On peut remarquer ici qu'il eût été contradictoire d'admettre
les enfans de l'absent à représenter leur père dans la succession de
l'aïeul, avant de les admettre, même provisoirement, à la propre
succession de leur père.

assez prolongée pour rendre l'existence de l'absent, et par conséquent la possibilité pour lui de renoncer, très-incertaines.

Ainsi, pendant la présomption d'absence, n'y ayant point lieu au droit de représentation, les cohéritiers de l'absent pourront rester possesseurs exclusifs de l'hoirie; mais, après la déclaration d'absence, les enfans de l'absent pourront exercer provisoirement et en donnant caution, le droit de le représenter, qui leur est attribué par la loi sur les successions.

106. L'exclusion de l'absent ou de ses ayant-droit, prononcée par les art. 135 et 136, résultant seulement d'un défaut de preuve, est une exclusion *de fait*, plutôt que *de droit*. Aussi l'art. 137 porte-t-il : « Les » dispositions des deux articles précédens auront lieu » *sans préjudice des actions en pétition d'hérédité et d'autres* » *droits*, lesquels compéteront à l'absent ou à ses re- » présentans ou ayant-cause, et ne s'éteindront que » par le laps de temps établi pour la prescription. » L'art. 128 ajoute : « Tant que l'absent ne se repré- » sentera pas, ou que les actions ne seront point » exercées de son chef, ceux qui auront recueilli la » succession, gagneront les fruits par eux perçus de » bonne foi. » C'est encore là l'application du droit commun (art. 549, 550).

Ainsi, la prescription et la retenue des fruits, voilà tout ce que pourra opposer à l'absent ou à ses représentans, le détenteur des biens héréditaires, même de bonne foi. L'art. 127 ne dit pas, comme l'art. 132, que l'absent reprendra les biens héréditaires *dans l'état où ils se trouveront*; il suppose au contraire que les droits

de l'absent sont intacts, et que celui-ci pourra réclamer les biens *dans l'état où ils devraient être.*

D'après cela, d'après des dispositions aussi claires,
on comprendra difficilement qu'on ait soutenu que l'absent, ou ses ayant-droit, n'aurait pas d'action en revendication contre les tiers détenteurs qui, de bonne
foi, auraient acquis de l'héritier apparent, des immeubles de la succession. On comprendra bien plus
difficilement encore que, pour appuyer une si grave
dérogation aux principes constitutifs de la propriété,
pour justifier une telle exception aux règles élémentaires
et primordiales du droit civil, on se contente aujour-
d'hui, trente ans après le grand travail de notre codification, d'invoquer un texte obscur du Digeste. C'est
pourtant ce qu'a fait M. Merlin. Dans ses *Questions de
Droit*, au mot *Héritier*, § III, généralisant une proposition qui peut s'appliquer, non-seulement à l'héritier
absent, mais aussi à l'héritier présent qui a laissé
prendre sa place, soit par négligence, soit par tout
autre motif, ce célèbre jurisconsulte soutient que quand
des choses particulières (ɪ) faisant partie de l'hérédité, ont été vendues par l'héritier putatif, sans qu'il
y ait prescription, le véritable héritier n'a point d'action en revendication contre l'acquéreur, lorsque celui-ci
et son vendeur ont été de bonne foi. En vain oppose-t-on
à cette thèse les dispositions nombreuses de nos Codes,
qui consacrent le principe que la propriété ne peut se
transmettre que par la volonté du véritable propriétaire,

(ɪ) Nous disons, des *choses particulières*, parce que M. Merlin avoue
que, si c'était l'*hérédité* entière, le droit héréditaire lui-même, qui
eût été vendu, l'acquéreur pourrait être évincé malgré sa bonne foi
et celle de son vendeur.

et que nul ne peut céder à autrui plus de droit qu'il
n'en a lui-même (voy. art. 1599, 2125, 2182 du
Code civil, et 731 du Code de procédure); en vain
objecte-t-on que les effets de la bonne foi sont dé-
terminés par la loi, et qu'ils se bornent à faire gagner
les fruits au possesseur, et à lui faire acquérir la prescription de dix et vingt ans (art. 2265) ; que ces
effets ne vont point jusqu'à transférer la propriété immédiatement, à moins qu'il ne s'agisse d'objets mobiliers (art⦁ 2279 et 1141). A tout cela, M. Merlin
répond par le § xvii de la loi 25, ff. *de hæreditatis
petitione.* A la vérité, M. Merlin invoque d'autres monumens de l'ancienne jurisprudence, mais qui eux-mêmes
n'ont d'autre base que ce malencontreux § xvii, lequel
aurait survécu au naufrage entier du Digeste, et serait
demeuré debout, ne fût-ce que pour faire sortir de
leur profonde obscurité les doctes gloses et les sa-
vantes conjectures auxquelles il a donné naissance.

Nous avons parlé de *conjectures;* c'est qu'il est bon de
faire remarquer que le texte sur lequel se fonde toute
l'argumentation de M. Merlin, n'est pas même avoué
généralement : plusieurs commentateurs (1) estiment
que ce texte a subi une altération qu'il est d'autant plus
facile d'attribuer à l'infidélité des copistes, qu'il s'agit de la
substitution du mot *nisi* au mot *etsi*, et par conséquent
du simple changement de deux lettres (2). Et si, après
le travail de glossateur auquel se sont successivement et
longuement livrés MM. Toullier et Duranton, on veut
bien nous permettre une petite excursion sur le domaine

---

(1) Nous pouvons citer, outre le président Favre, les professeurs de
Louvain, dans leurs *Recitationes.*

(2) Cela ne ressemble pas trop mal au procès de Figaro.

des Accurse et des Barthole, nous essaierons de prouver que l'altération probable du texte ressuscité par M. Merlin, se justifie par des raisons solides.

Voici comment est conçu, dans les éditions ordinaires, le fameux paragraphe xvii : *Item si rem distraxit bonæ fidei possessor, nec pretio factus sit locupletior* (1), *an singulas res, si nundùm res usucaptæ sint, vindicare petitor ab emptore poterit ? et, si vindicet, an exceptione non repellatur,* quod præjudicium hæreditati non fiat inter actorem et eum qui venumdedit, *quia non videtur venire in petitionem hæreditatis pretium earum, quanquàm victi emptores reversuri sint ad eum qui distraxit ?* Et PUTO POSSE RES VINDICARI NISI EMPTORES REGRESSUM AD BONÆ FIDEI POSSESSOREM HABENT.

Nous croyons qu'il faut lire : ETSI *emptores, etc.* ; voici nos motifs : 1° Si l'on devait lire NISI, il semble que l'auteur du paragraphe se serait servi d'une locution vicieuse, car la règle serait faite précisément pour un cas d'exception, puisqu'en général le vendeur doit garantie à l'acheteur, et que le cas où il s'est dégagé de tout recours est vraiment extraordinaire. Or, il est bon d'observer que la loi 25 est tout entière d'Ulpien, de l'exact, du classique Ulpien (2).

(1) D'après un sénatus-consulte, dont la teneur se trouve dans la loi 20, § vi, au même titre, et l'application dans la loi 25, le possesseur de bonne foi de l'hérédité, n'était tenu à la restitution que jusqu'à concurrence de ce dont il se trouvait, par l'effet de sa possession, plus riche au moment du jugement. C'est ce sénatus-consulte qui a donné naissance à la difficulté proposée par l'auteur du § xvii.

(2) Ulpien se distingue, en effet, parmi les grands jurisconsultes romains, par l'exactitude parfaite de son style. Nous l'appellerions volontiers le *Tacite* de la jurisprudence : ses *fragmens* ont quelque chose de la précision énergique des *Annales.*

15

2° Entendu comme le veut M. Merlin, le § xvii con-
tredirait plusieurs textes formels qui attribuent d'une manière absolue la revendication à l'héritier véritable contre
l'acquéreur de l'héritier apparent. Voyez les lois 2 et 7,
C. *de hæredit. petit.*, et la loi 4, C. *in quibus causis cessat
l. temp. præscriptio.*

3° Comme le fait remarquer M. Duranton, n° 568,
si l'acquéreur de choses particulières pouvait repousser
la revendication de l'héritier véritable par une exception
tirée de ce qu'il a un recours contre l'héritier apparent,
l'acquéreur de l'hérédité, du *jus hæreditarium*, devrait
pouvoir repousser l'action dirigée contre lui par la même
exception. Et cependant les termes de la loi 13, § 4,
au même titre, qui est aussi d'Ulpien, ne permettent
pas de supposer qu'il en soit ainsi.

4° Enfin, et nous insistons particulièrement sur ce
point, en admettant notre version, le § xvii présente,
dans son ensemble, un sens clair, un raisonnement
complet et satisfaisant.

Voici, en effet, quelle nous paraît être la décision
d'Ulpien :

L'héritier apparent a vendu des choses appartenant
à la succession, mais le prix ne l'a pas enrichi (soit
parce qu'il l'a perdu, soit parce qu'il l'a donné ou dis-
sipé). On demande si l'héritier véritable pourra reven-
diquer les biens dans la main du tiers acquéreur, et
si celui-ci ne pourra pas paralyser la revendication par
l'exception dont Ulpien nous donne la formule : *quod
præjudicium hæreditati non fiat inter actorem et eum qui venumdedit.* Quoique le sens de cette formule puisse ne
pas paraître très-clair, l'ensemble du paragraphe prouve

suffisamment que la difficulté signalée par Ulpien provient
de ce que, si l'on accorde la revendication purement et
simplement, l'acquéreur évincé, qui a, du moins en général, un recours contre son vendeur, pourra forcer
l'héritier apparent à lui rembourser le prix qu'il lui a
donné, quoique, si ce dernier eût été actionné directement par le véritable héritier, il eût été dispensé de
payer ce prix, puisque la pétition d'hérédité ne l'eût
obligé qu'à rendre ce dont il était plus riche au moment
du jugement, et qu'on a supposé que ce prix avait disparu des mains de l'héritier apparent. Cette différence
dans les résultats rendait, en effet, la difficulté sérieuse.
Le jurisconsulte décide que *les biens pourront être reven-
diqués, encore bien que l'acheteur ait un recours contre l'héritier apparent qui lui a vendu de bonne foi.*

Il n'est guère permis de douter que ce ne soit là le
véritable sens de la décision d'Ulpien, quand on remarque qu'il ajoute immédiatement : QUID TAMEN, *si is qui
vendidit, paratus sit ità defendere hæreditatem, ut perindè
atque si possideret, conveniatur?* INCIPIT EXCEPTIO LOCUM
HABERE *ex personâ emptorum : certè, si minori pretio res
venierint, et pretium quodcumque illud actor sit consecutus,
multò magis potuit dici eum summoveri.* Les mots QUID
TAMEN annoncent une objection, une antithèse, pleinement confirmée et expliquée par ceux-ci : INCIPIT EXCEP-
TIO LOCUM HABERE : donc l'exception n'avait pas lieu
dans le premier cas; donc le jurisconsulte avait accordé
la revendication pure et simple dans la première hypothèse. Quant à la seconde, on comprend que quand
l'héritier véritable a exercé directement son action contre
l'héritier apparent, on puisse le considérer comme

ayant renoncé à se pourvoir par des actions particulières
contre les tiers-détenteurs. On conçoit surtout qu'il en
soit ainsi, et que la revendication ne puisse plus être
efficacement exercée contre les tiers-détenteurs, lorsque
l'héritier demandeur a reçu de l'héritier apparent le prix,
quelque faible qu'il soit, qu'avait produit la vente des
biens. Mais c'est seulement alors (*incipit exceptio locum
habere*) qu'Ulpien accorde l'exception. En général donc,
et malgré le recours que l'acquéreur évincé aura contre
l'héritier apparent et de bonne foi, la revendication subsiste. Voilà quelle est bien, ce nous semble, la décision
d'Ulpien.

Au surplus, il faut reconnaître que cette décision,
interprétée comme le veut M. Merlin, reposerait sur des
institutions entièrement étrangères à notre droit. La faveur accordée à l'héritier apparent, lorsqu'il était de
bonne foi, de n'être tenu vis-à-vis du véritable héritier
que *quatenùs locupletior factus sit*, cette faveur qui était
le nœud de la difficulté, et qui seule aurait fait obstacle
à la revendication, dans le droit romain, n'existe point
dans notre législation. Elle avait été introduite, à Rome,
par un sénatus-consulte spécial; elle n'était point reconnue dans l'ancienne jurisprudence, comme l'atteste Pothier (1); et le Code la repousse, par cela seul qu'il
ne l'a point expressément consacrée; car, il s'agit, comme
nous l'avons dit, d'une exception au droit commun, d'une
dérogation aux principes constitutifs de la propriété, qui
ne saurait être admise qu'en vertu d'un texte formel.

Nous ne croyons donc pas que l'opinion de M. Merlin

(1) *Traité de la propriété*, n° 429.

puisse se soutenir logiquement et juridiquement. Elle a
pourtant été adoptée par quelques cours royales et par
la cour de cassation elle-même, dans un arrêt de rejet
du 3 août 1815 (1). Mais les motifs de cet arrêt n'ont
pu résister aux attaques vigoureuses de MM. Toullier (2)
et Duranton (3). La jurisprudence ne s'établira pas sur
une base si fragile. On trouve dans les recueils plusieurs arrêts qui ont consacré les vrais principes : en
voici un moins connu de la cour de Limoges, en date
du 27 juillet 1825 ; il est rapporté dans la compilation
publiée récemment par M. Talandier, sous le titre de
Nouveau Traité des Absens, p. 284.

« Attendu que c'est un principe constant que le vendeur
» ne peut transmettre à l'acquéreur que les droits qu'il
» avait lui-même sur la chose vendue, suivant l'axiome,
» *nemo plus juris transferre potest ad alium quàm ipse*
» *habet ;* que, nulle part dans notre Droit français,
» on ne trouve une exception à ce principe pour le cas
» particulier d'une vente consentie par un héritier appa-
» rent, et que le droit romain, loin d'admettre une
» pareille exception, la repousse par plusieurs textes
» précis, notamment par les §§ IV, IX et X de la loi 13
» au *D. de Hæred. petit.* (4), desquels il résulte que
» l'acquéreur d'une hérédité vendue par l'héritier puta-

(1) Sirey, 1815, 1, 286.
(2) Addition au tome 9.
(3) Tome 1er, nos 576 et suivans.
(4) Ces textes se rapportent à la vente de l'hérédité, du *jus hæredi-*
tarium ; l'arrêt aurait dû s'étayer plutôt des L. 2 et 7, c. *de hæred.*
petitione, et de la loi 4, c. *in quibus causis cessat longi temp. præscriptio,*
qui étant relatives à la revendication d'objets particuliers, se trouvaient plus spécialement applicables à l'espèce.

» tif pouvait être évincé, malgré sa bonne foi et celle
» de son vendeur, par le véritable héritier ; que les
» arrêts peu nombreux contraires à ce principe, n'étant
» motivés sur aucune disposition de loi, mais seulement
» sur des considérations d'équité et de bonne foi, ou
» sur des prétextes d'ordre public, ne forment point
» une jurisprudence assez puissante pour combattre une
» doctrine conservatoire du droit de propriété ; qu'en
» faisant l'application de cette doctrine à la cause ac-
» tuelle, il est clair que Blaise Langlade, dépouillé de
» la qualité d'héritier universel par l'arrêt du 5 fé-
» vrier 1816, n'a pas pu valablement aliéner antérieu-
» rement à cet arrêt des immeubles provenant de l'hé-
» rédité, et que le titre d'héritier, en vertu duquel il
» agissait, s'étant évanoui, la vente qu'il a consentie
» en cette qualité doit être résolue, n'étant pas main-
» tenue par la prescription. »

Cour de Limoges ; président M. Grivel ; M. Tixier-
Lachassaigne, substitut ; plaid. Mes Dulac et Dumont-
Saint-Priest. Caux C. Triboulat.

107. Lorsqu'un individu disparaît, s'il laisse des enfans mineurs, il est nécessaire de pourvoir à leur surveillance ; le Code a prescrit pour cela des mesures
particulières, dans un chapitre spécial (chap. 4).

M. Duranton n'a point assez remarqué que ces mesures
de surveillance sont des mesures conservatoires, qui sont
essentiellement temporaires, et qui ne doivent pas se prolonger au-delà de la déclaration d'absence. Il en résulte
beaucoup de vague et d'incohérence dans les doctrines
de l'honorable professeur, n°s 515 et suivans. Ainsi,

après avoir dit que l'absence de la mère ne change rien aux droits de puissance et de surveillance du père sur les enfans mineurs, il enseigne que cependant, après la déclaration d'absence, il y a lieu, *en quelque sorte*, à l'ouverture de la tutelle, et que le père doit faire nommer un subrogé-tuteur aux enfans, excepté dans le cas où il opte pour la continuation de la communauté. Il ajoute qu'au reste, toutes ces décisions conformes aux principes, pourraient néanmoins subir des modifications suivant les circonstances. Même indécision, quand l'auteur parle de la surveillance confiée à la mère, dans le cas où c'est le père qui a disparu. Il affirme d'abord (n° 517), que l'art. 141 « a son effet, non-seulement durant la présomption d'absence, mais encore après que l'absence a été déclarée. » Puis il fait (n° 518) l'observation fort juste que la mère, dans l'exercice des droits qui lui sont conférés par cet article 141, n'est point tutrice, et il finit par dire : « En conséquence, la » mère n'est point obligée, *du moins pendant la pré-* » *somption d'absence*, de faire nommer un subrogé-tuteur, » à moins qu'elle n'ait des intérêts opposés à ceux des » mineurs. Lorsque l'absence a été déclarée, elle doit » en faire nommer un. » Il y a là une contradiction manifeste. Si l'art. 141 s'applique pendant la seconde période de l'absence, comme pendant la première, après comme avant la déclaration d'absence, la mère n'étant point tutrice ne peut pas être tenue de faire nommer un subrogé-tuteur ; car il n'y a pas de subrogé-tuteur sans tutelle ; et quand la mère a des intérêts opposés à ceux des mineurs, il suffit de faire nommer un curateur *ad hoc*.

Ces contradictions viennent, d'une part, de ce que,

comme nous l'avons dit, M. Duranton n'a point assez observé que les mesures prescrites par les art. 141 et 142, ne sont que provisionnelles et doivent cesser à la déclaration d'absence ; et d'un autre côté, de ce que l'honorable auteur sentait bien pourtant qu'après la déclaration d'absence, alors que les enfans mineurs sont envoyés en possession provisoire du patrimoine de l'absent, ils se trouvent dans une position semblable à celle où les placerait la mort de l'un des parens, et qu'il est nécessaire que leurs intérêts soient enfin protégés par un tuteur et par un subrogé-tuteur.

Tel est, en effet, l'esprit de la loi. La déclaration d'absence, qui entraîne l'exercice provisoire de tous les droits subordonnés au décès, donne lieu à la délation provisoire de la tutelle, suivant les règles tracées au titre *de la minorité*. Aussi l'art. 142 borne-t-il expressément sa disposition à la durée de la présomption d'absence : « Si la mère vient à décéder *avant que l'absence « du père ait été déclarée*, la surveillance des enfans sera » déférée, etc. » Il est évident que cette restriction est basée sur ce que, l'absence une fois déclarée, il y a lieu à l'ouverture de la tutelle, du moins provisoirement, et sur ce que par conséquent il est inutile de prescrire des mesures spéciales pour protéger les mineurs, qui doivent l'être d'après les règles ordinaires de la tutelle.

Ainsi, pendant la présomption d'absence, le parent présent sera administrateur légal : le père, en vertu du droit commun ; la mère, en vertu du pouvoir spécial que lui confère l'art. 141. N'y ayant point de tutelle, il n'y aura point de subrogé-tuteur, point d'hypothèque légale (art. 2121.)

Mais, après la déclaration d'absence, la tutelle est provisoirement ouverte; celui des père et mère qui sera présent devra faire nommer un subrogé - tuteur; ses biens seront frappés de l'hypothèque légale.

La mère, même pendant la présomption d'absence, et quand elle exercera les droits de surveillance et d'administration qui lui sont attribués par l'art. 141, aura la jouissance légale des biens des mineurs (art. 384). En lui accordant tous les droits du mari, quant à l'administration des biens des enfans, l'art. 141, loin de refuser à la mère les avantages attachés à cette administration, nous semble les lui conférer implicitement. Nous pensons même, contrairement à ce qu'enseigne M. Duranton, n° 521, que, le père reparaissant, la mère ne serait point tenue de lui restituer les fruits qu'elle aurait perçus, soit pendant son administration légale, soit pendant sa tutelle provisoire, sur les biens propres des enfans. Ayant exercé réellement et légalement la puissance paternelle, elle doit pouvoir conserver les bénéfices usufructuaires qui y sont attachés, et qui ont été la récompense de ses soins. Il est tout-à-fait inexact de dire, comme notre auteur, qu'elle a perçu les fruits d'*après un titre reconnu faux*, puisqu'elle tenait sa mission de la loi, mission provisoire à la vérité, mais qui n'en a pas moins existé, de fait et de droit.

108. Les guerres dans lesquelles la république était engagée contre la coalition européenne, avaient fait sentir la nécessité d'établir, en faveur des citoyens éloignés de leur domicile par le service militaire, des mesures particulières destinées à protéger leurs intérêts et leurs

propriétés pendant leur absence. Tel a été l'objet des
lois du 11 ventôse an II et du 6 brumaire an V, dont
les dispositions, à raison de leur spécialité, n'ont point
été abrogées par la promulgation du Code civil.

Il importe d'observer que ces deux lois n'ont point le
même caractère. La loi du 6 brumaire an V, qui créait
de graves et notables exceptions au droit commun, telles
que la suspension de toute prescription, la défense d'ex-
proprier ou de déposséder les militaires absens pour le
service de l'état, et de mettre aucun jugement à exécution contre eux, sans avoir donné caution, cette loi
était temporaire : les art. 2 et 4 portaient expressément
que les mesures extraordinaires qu'elle prescrivait n'auraient lieu que pendant la guerre qu'on soutenait alors,
et qu'elles cesseraient d'avoir leur effet *un mois après la
publication de la paix générale* (1).

Il n'en est pas de même de la loi du 11 ventôse an II,
qui, conçue en termes généraux et ne limitant point sa
durée, n'a pas été faite pour les guerres d'alors seulement,
mais pour les *défenseurs de la patrie*, sans distinction. De
telle sorte qu'ayant survécu à la paix générale, en 1815,
cette loi a dû s'appliquer aux militaires qui ont fait la
campagne d'Alger, et devrait être appliquée à ceux qui
seraient employés dans les guerres que la France pourrait
avoir à soutenir dans la suite.

M. Duranton prétend, n° 430, que la loi du 11 ventôse an II a été abrogée par celle du 13 janvier 1817.
Telle serait, si l'on en croit M. Rolland de Villargues (2),

(1) Ce délai a été prorogé jusqu'au 1er avril 1815, par la loi spéciale
du 21 décembre 1814.
(2) *Répertoire du notariat*, v° *absent*, §. 8.

l'opinion adoptée au tribunal de la Seine. Nous ne craignons pas de dire que cette opinion paraîtra erronée à quiconque examinera avec quelque attention le sens de la loi de ventôse an II, et l'objet spécial de celle du 13 janvier 1817.

109. En prescrivant la nomination d'un curateur chargé de veiller à la conservation des droits héréditaires échus à un citoyen absent pour le service militaire, la loi de ventôse an II a évidemment dérogé au principe qui exclut d'une succession toute personne dont l'existence n'est pas constatée, principe consacré par les art. 135 et 136 du Code, et qui existait déjà dans l'ancien droit. Le législateur a considéré que les citoyens appelés sous les drapeaux, exposés à des déplacemens continuels, courant toutes les chances de la guerre, pouvaient être empêchés de donner de leurs nouvelles; et il n'a pas voulu que, profitant de cette circonstance et d'une absence causée par un motif aussi honorable, des cohéritiers avides, ou des parens plus éloignés pussent s'emparer exclusivement de la succession dévolue en tout ou en partie à l'absent, de sorte que celui-ci, à son retour, fût exposé à trouver les biens dispersés et à n'avoir d'autre ressource qu'une pétition d'hérédité trop souvent inefficace.

Voilà quel est, à n'en pas douter, le sens de la loi du 11 ventôse an II. Mais observez que cette loi n'a pas entendu changer et intervertir l'ordre ordinaire des successions; il n'est pas même exact de dire, comme quelques arrêts, que cette loi répute les militaires vivans à l'effet de succéder. La nomination d'un curateur n'est qu'une simple mesure conservatoire, au moyen de laquelle on met provisoirement en réserve la part successorale échue·au militaire dont on n'a pas de nouvelles, sans qu'il y ait en sa faveur une véritable investiture, sans que ses droits cessent d'être éventuels. Or, jusques à quand doit durer cet état de choses provisoire, cette espèce de séquestre, lorsque l'absence se prolonge et que l'on continue à ne recevoir aucune nouvelle de l'absent? Il doit durer jusqu'à la déclaration d'absence; car la loi de ventôse n'a jamais été considérée comme un obstacle à ce que l'absence des militaires pût être déclarée, lorsque le temps prévu par le droit commun se serait écoulé sans qu'on ait acquis la preuve de leur existence; et la déclaration d'absence a toujours eu pour effet de faire cesser la curatelle, et de soumettre les militaires aux règles ordinaires de l'absence, et par conséquent au principe consacré par l'art. 136. D'où il suit qu'après la déclaration d'absence d'un militaire, ceux qui réclament de son chef une succession à lui échue depuis ses dernières nouvelles, doivent prouver qu'il existait encore à l'époque où la succession s'est ouverte; faute de ce faire, ils doivent être exclus, et le curateur qui aurait été nommé antérieurement, à l'effet d'administrer provisoirement cette succession, doit s'en dessaisir en faveur de ceux à qui elle est dévolue, à défaut de l'absent.

Maintenant, qu'a fait la loi du 13 janvier 1817? Elle a simplement établi un mode particulier de constater l'absence ou même le décès des militaires qui ont été en activité de service dans l'intervalle du 21 avril 1792 au 20 novembre 1815; cette loi, prenant particulièrement en considération les désastres des campagnes de 1812 et 1813, a abrégé les délais et diminué les formalités, qui, de droit commun, doivent précéder la déclaration d'absence. Il résulte bien de là qu'à l'égard des militaires dont la loi du 13 janvier 1817 s'est spécialement occupée, on pourra plus facilement et plutôt qu'on ne l'aurait pu, d'après le Code, faire cesser, par la déclaration d'absence, les effets de la curatelle qui a pu être instituée en leur faveur, en vertu de la loi du 11 ventôse an II. Mais voilà tout. En tirer la conséquence que cette dernière loi a été abrogée, c'est ce qu'on n'a pu faire que par méprise.

Suivant M. Rolland de Villargues, on peut considérer la loi du 11 ventôse an II comme abrogée par le dernier article de celle du 17 janvier 1817, ainsi conçu : « Les dispositions du Code civil relatives aux absens, » auxquelles il n'est pas dérogé par la présente loi, » continueront d'être exécutées. » Il suit de là, dans l'opinion de cet estimable auteur, que les militaires absens dont on n'avait point de nouvelles, ont été replacés dans la classe des citoyens ordinaires, et que dès-lors les articles 135 et 136 du Code civil leur sont applicables. Mais ces mots *continueront d'être exécutées*, suffisent pour repousser l'interprétation subtile qu'on veut donner à la disposition finale de la loi du 13 janvier 1817 ; car ils excluent toute idée d'innovation et ne permettent pas de supposer que cette loi ait voulu donner au Code civil plus d'effet qu'il n'en avait auparavant à l'égard des militaires.

Concluons donc que la loi du 11 ventôse an II est encore en vigueur, et que, si la guerre venait à éclater, ce qu'à Dieu ne plaise, on devrait, conformément à cette loi, nommer des curateurs pour administrer provisoirement et jusqu'à la déclaration d'absence, les successions auxquelles seraient appelés les *défenseurs de la patrie*, dont on ne recevrait pas de nouvelles.

FIN DU TOME PREMIER.

ERRATA.

Pag. 18, lig. 7, au lieu de *inaliénabilité*, lisez *aliénabilité*.
Pag. 72, lig. 10, au lieu de *regarde*, lisez *regardent*.

TABLE

DES MATIERES.

LIVRE PREMIER.

DES PERSONNES.

TITRE PREMIER.

DE LA JOUISSANCE ET DE LA PRIVATION DES DROITS CIVILS.

CHAPITRE PREMIER.

CHAPITRE II.

DE LA PRIVATION DES DROITS CIVILS.

CHAPITRE III.

TITRE II.

TITRE III.

TITRE IV.

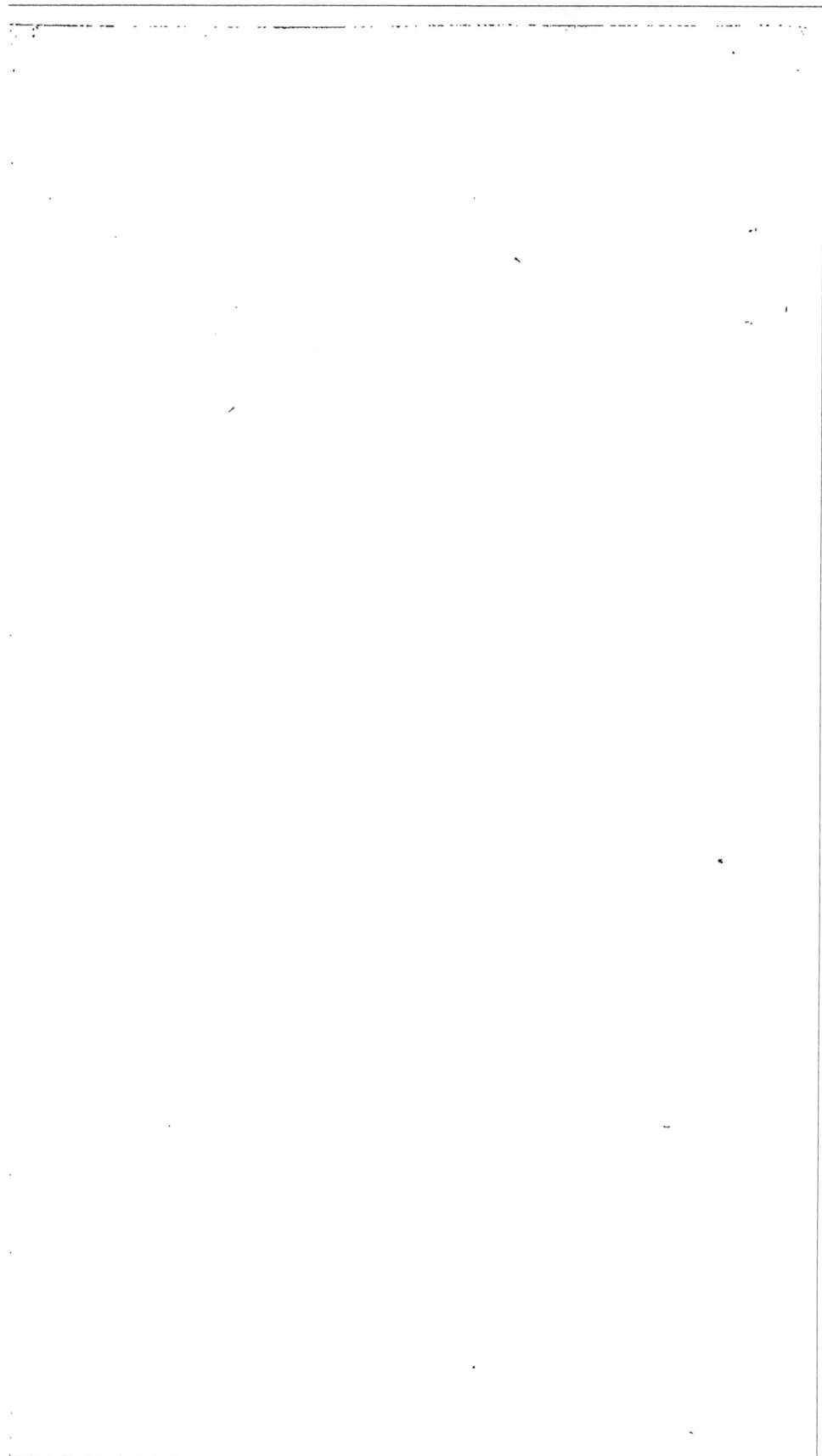

www.ingramcontent.com/pod-product-compliance
Lightning Source LLC
Chambersburg PA
CBHW071638200326
41519CB00012BA/2341